Robert Borchert

Immobilienblase oder New Normal?

Der deutsche Wohnungsmarkt zwischen Euphorie und Depression

Bibliografische Information der Deutschen Nationalbibliothek:

Die Deutsche Nationalbibliothek verzeichnet diese Publikation in der Deutschen Nationalbibliografie; detaillierte bibliografische Daten sind im Internet über http://dnb.d-nb.de abrufbar.

Impressum:

Copyright © Studylab 2019

Ein Imprint der Open Publishing GmbH, München

Druck und Bindung: Books on Demand GmbH, Norderstedt, Germany

Coverbild: Open Publishing GmbH | Freepik.com | Flaticon.com | ei8htz

Inhaltsverzeichnis

Abkürzungsverzeichnis V

Abbildungsverzeichnis VI

1 Einleitung 1

    1.1 Problemstellung 1

    1.2 Erkenntnisinteresse 2

    1.3 Gang der Untersuchung 3

2 Makroökonomische Grundlagen 4

    2.1 Traditionelle Konjunkturzyklen 4

    2.2 Innereuropäische Divergenzen 7

    2.3 ‚New Normal' als Resultat einer makroökonomischen Adaption 9

3 Das ‚Bubble'-Modell 11

    3.1 Die Anatomie der Spekulationsblase nach Minsky und Kindleberger 12

    3.2 Preisblasen als Auslöser vergangener Finanzkrisen 17

4 Preisblasenbildung im immobilienwirtschaftlichen Kontext 21

    4.1 Charakteristika des (Wohn-)Immobilienmarktes 21

    4.2 Preisbildung und -bestimmung auf dem Immobilienmarkt 23

    4.3 Definition von Immobilienpreisblasen 25

    4.4 Erklärungsansätze für das Entstehen von Immobilienpreisblasen 26

    4.5 Auswirkungen einer Immobilienblase: Die Subprime-Krise 28

5 Untersuchung des deutschen Wohnimmobilienmarktes 31

    5.1 Formulierung des Analyseschemas 32

    5.2 Realwirtschaftliche Faktoren 33

    5.3 Finanzwirtschaftliche Faktoren 43

    5.4 Psychologische Faktoren 50

    5.5 Gesamttendenz des deutschen Wohnimmobilienmarktes 56

    5.6 Gesamtwirtschaftliche Perspektive 61

6 Fazit **64**

Anhang **67**

Anlage 1: empirica Preisdaten mit Indizierung 67

Anlage 2: Berechnungen zu Tobin's q 68

Anlage 3: Berechnungen der Multiplikatoren und Renditen 69

Anlage 4: Thesenpapier 70

Quellen- und Literaturverzeichnis **71**

Abkürzungsverzeichnis

AEUV	Vertrag über die Arbeitsweise der EU
BauGB	Baugesetzbuch
BIP	Bruttoinlandsprodukt
BGB	Bürgerliches Gesetzbuch
BpB	Bundeszentrale für politische Bildung
CDO	Collaterized Dept Obligations
DCF	Discounted Cash Flow
DIFI	Deutsche Immobilienfinanzierungsindex
ECU	European Currency Unit
EG	Europäische Gemeinschaft
EU	Europäische Union
EWE	Europäische Währungseinheit
EWS	Europäisches Währungssystem
EZB	Europäische Zentralbank
GDW	Bundesverband deutscher Wohnungs- und Immobilienunternehmen e. V.
IKB	Deutsche Industriebank
ImmoWertV	Immobilienwertermittlungsverordnung
IVS	International Valuation Standards
IWF	Internationaler Währungsfond
IWKöln	Institut der deutschen Wirtschaft
KGV	Kurs Gewinn Verhältnis
MBO	Mortgage Backed Securities
VdP	Verband deutscher Pfandbriefbanken

Abbildungsverzeichnis

Abbildung 1: Entwicklung der Leitzinsen 1
Abbildung 2: Konjunkturzyklen 5
Abbildung 3: Abweichung des Marktpreises vom Fundamentalwert 12
Abbildung 4: Anatomie der Spekulationsblase 13
Abbildung 5: Entwicklung des Aktienindex Nemax 20
Abbildung 6: Ursachen von Preisblasen 27
Abbildung 7: Immobilienpreisentwicklung 32
Abbildung 8: Tobin's q 37
Abbildung 9: Multiplikator deutscher Eigentumswohnungen 40
Abbildung 10: Price-Income Ratio deutscher Wohnimmobilien 42
Abbildung 11: Regionale Wohnungsmärkte 43
Abbildung 12: Erschwinglichkeitsindex in den A-Städten 45
Abbildung 13: Kreditvolumen 47
Abbildung 14: Verschuldung privater Haushalte 49
Abbildung 15: Eigentümerstruktur des deutschen Wohnungsbestands 51
Abbildung 16: Immobilienindex 2018 54
Abbildung 17: Preisunterschiede Deutschland 56
Abbildung 18: ifo-Geschäftsklimaindex 63

1 Einleitung

1.1 Problemstellung

"Ich glaube nicht mehr an die Selbstheilungskraft der Märkte."[1]

Immobilienkrise – Bankenkrise – Eurokrise: Die vergangene Dekade ist von einer Vielzahl wirtschaftlicher Herausforderungen geprägt. Instabile Banken, hadernde Staaten sowie ein akuter Vertrauensverlust der Wirtschaftssubjekte untereinander folgten diesen Entwicklungen.[2] Weltweit sahen sich die Notenbanken zur Intervention gezwungen und lockerten die Geldpolitik, um der depressiven Wirtschaft zum Aufschwung zu verhelfen. Auch die EZB nutzte die ihr zur Verfügung stehenden Instrumente expansiv.

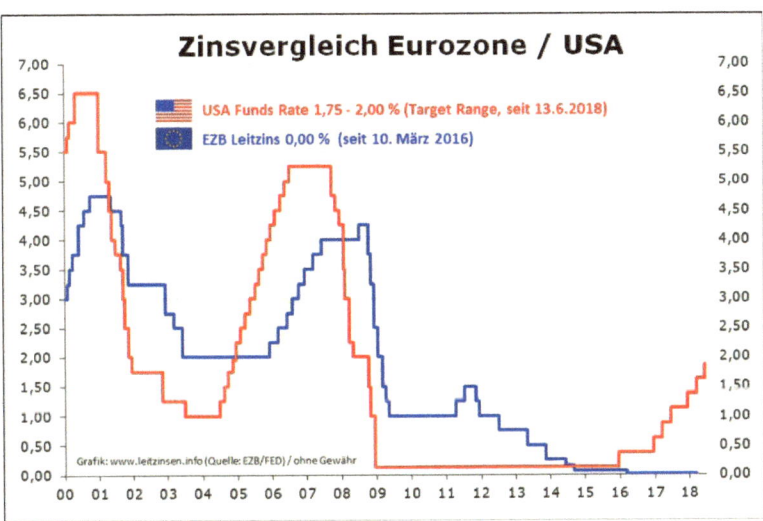

Abbildung 1: Entwicklung der Leitzinsen[3]

---

[1] Ackermann, damaliger Vorstandsvorsitzender der Deutschen Bank, Zitat in der Podiumsdiskussion vom 17. März 2008 in Frankfurt am Main über den amerikanischen Häusermarkt; Manager Magazin (2012): o. S.
[2] vgl. Deutsche Bundesbank (2008) S. 11
[3] vgl. Leitzinsen (2018): o. S.

Das billige Geld überflutete die Aktien- und Finanzmärkte. Renditen potentieller Geldanlagemöglichkeiten sanken unter dem Druck des Geldes. Schnell erreichten auch die Preise für Immobilien, das sogenannte „Betongold", historische Höhen, weshalb einige Experten und Medien vor einer Blasenbildung warnen.[4]

Als Blase bezeichnet man im Allgemeinen eine Überbewertung von Vermögenswerten, die nicht mehr durch die zugrunde liegenden Fundamentaldaten gerechtfertigt werden kann. Die Gewinnerwartung der Marktteilnehmer bildet sich somit über Preisänderungserwartungen, welche nicht durch die zugrunde liegenden Daten gestützt sind.[5]

Immobilienblasen haben seit ihrer geschichtlichen Existenz immer wieder zu beachtlichen Zusammenbrüchen verschiedenster Volkswirtschaftssysteme geführt und geben seither Anlass zu besonderer Beobachtung. Die Weltfinanzkrise 2008, die durch das Platzen der US-Immobilienblase ausgelöst wurde, signifizierte der Welt das Ausmaß der Verstrickungen des Finanzmarktes in Zeiten der Globalisierung.[6] Spätestens mit dem Koalitionsvertrag von 2013 rückte die Debatte über eine Preisblasenbildung aufgrund der Dominanz der hier zu Lande stark steigenden Kauf- und Mietpreise in den Fokus der Politik und beherrscht seither die Wahlkämpfe.[7] Eine europaweit vergleichsweise geringe Eigentumsquote und die damit einhergehenden Existenzängste der Mieterschaft im Hinblick auf exorbitante Mieten, die insbesondere in Großstädten zu Gentrifizierung führt, unterstreicht die Relevanz der Thematik.[8]

1.2 Erkenntnisinteresse

Ein einheitliches Meinungsbild über das Bestehen einer Immobilienpreisblase auf dem deutschen Wohnungsmarkt ist derzeit nicht erkennbar. Primäres Forschungsziel der vorliegenden Arbeit ist es, den deutschen Wohnimmobilienmarkt in Bezug auf die Existenz einer Preisblase zu untersuchen. Dabei sollen grundlegende Charakteristika des (Wohn)Immobilienmarktes und seiner Preisbestimmung determiniert werden. Ferner soll eruiert werden, inwiefern die Preistrends durch die

---

[4] vgl. Schick (2017): o. S.; vgl. Kaiser (2017): o. S.
[5] vgl. Weerth (o. J.): o. S.
[6] vgl. Craemer (2009): o. S.
[7] vgl. CRES (2017): S. 1
[8] vgl. Statista (2016): o. S.

derzeitige Wirtschaftslage und stützende Fundamentalfaktoren begründet sind. Darüber hinaus soll die Arbeit dem Leser Aufschluss geben, in welche Phase des ‚Bubble'-Modells[9] das derzeitige Marktgeschehen einzuordnen ist und wie künftige Entwicklungen einzuschätzen sind.

1.3 Gang der Untersuchung

Die wissenschaftliche Vorgehensweise in dieser Arbeit erfolgt anhand der deduktiven Methodik. Folglich wird aus dem Allgemeinen das Spezielle erschlossen. Zunächst werden die makroökonomischen Grundlagen unter Hinzuziehung verschiedenster Rahmenbedingungen determiniert und in Bezug auf das heutige Zeitgeschehen definiert. Im darauffolgenden Abschnitt werden die theoretischen Grundlagen zur allgemeinen Preisblasenbildung und dessen Verlauf dargelegt. Als Abschluss des theoretischen Teils wird das Modell in einem wohnwirtschaftlichen Kontext geknüpft, wobei die grundlegenden Charakteristika des Wohnungsimmobilienmarktes abgegrenzt werden. Preisuntersuchungen auf anderen Märkten des heterogenen Immobiliensektors, wie u. a. für Gewerbe, Hotellerie, Industrie etc. werden aufgrund des begrenzten Umfanges der Arbeit nicht näher betrachtet. Mit Hilfe der erlangten Kenntnisse werden ausführliche Analysen verschiedener Einflussfaktoren, Indikatoren und Rahmenbedingungen, unter Hinzuziehung empirisch beobachteter Kennzahlen und mit Hilfe mathematischer und ökonometrischer Modelle, durchgeführt. Ziel des fünften Abschnittes ist zunächst eine Einordnung des deutschen Wohnimmobilienmarktes in die Phasen des Bubble Modells. Im weiteren Verlauf soll die Gesamttendenz des deutschen Marktes mit den Ereignissen der Wirtschaftskrise von 2008 verglichen werden, um eine Einschätzung der Bedeutung des derzeitigen Marktniveaus vornehmen zu können. Ferner soll eine Einschätzung der künftigen Entwicklung vorgenommen werden. Mit Hilfe der erlangten Kenntnisse wird abschließend ein Fazit formuliert.

Als Grundlage dienen sowohl die im Studium gewonnenen Erkenntnisse als auch angegebene Fachliteratur sowie eigene Auswertungen.

---

[9] Empirische Untersuchungen belegen, dass der Verlauf jeder Preisblase in der Regel nach einem ähnlichen Muster erfolgt. Dieses wird unter Kapitel 3 näher erläutert.

2 Makroökonomische Grundlagen

Die Makroökonomie betrachtet im Allgemeinen gesamtwirtschaftliche Zusammenhänge von wirtschaftlichen Aggregaten und versucht auf Basis der Erkenntnisse Theorien zu statuieren, um die beobachteten Entwicklungen zu begründen.[10] Der Immobiliensektor im weiteren Sinne erfasst den Teil der Wirtschaft, der sich mit der Entwicklung, Produktion, Bewirtschaftung und Vermarktung von Immobilien beschäftigt. Die hohe Relevanz und die gegenseitigen Abhängigkeiten zwischen der Branche und der Volkswirtschaft finden durch verschiedene Kennziffern ihren Ausdruck.[11]

Mit einer Bruttowertschöpfung von 434 Milliarden Euro erweist sich die Immobilienwirtschaft als zweitgrößter Wirtschaftszweig Deutschlands und macht mit 87% den größten Anteil am deutschen Anlagevermögen aus.[12] Damit werden die immense Bedeutung und der Einfluss des Wirtschaftszweiges auf die Makroökonomie deutlich. Doch auch die Immobilienbranche wird im Umkehrschluss durch die von der Politik geschaffenen makroökonomischen Rahmenbedingungen, wie u. a. der Geldmenge und dem Zinsniveau, stark beeinflusst.[13] Der nachfolgende Abschnitt untersucht die derzeitigen Voraussetzungen unter Berücksichtigung des Einflusses europa-politischer Besonderheiten auf dem deutschen Markt.

2.1 Traditionelle Konjunkturzyklen

Als Konjunktur bezeichnet man die Gesamtsituation einer Volkswirtschaft, die sich aus der Betrachtung verschiedener volkswirtschaftlicher Größen ableitet. Der wichtigste Indikator ist das Bruttoinlandsprodukt (BIP), dessen Höhe abhängig von Ausstattung mit natürlichen Ressourcen, Arbeit, Kapital und dem Stand des technischen Wissens ist.[14] Bedeutende Ökonomen, wie Nikolai Kondratjew[15], beobachteten zu Beginn des 20. Jahrhunderts, dass sich die Wirtschaft nicht linear

---

[10] vgl. Siebert / Lorz (2007): S. 207-208
[11] vgl. Vornholz (2013): S. 5 - 8
[12] vgl. Deloitte (o. J.): o. S.
[13] vgl. Vornholz (2013): S. 16 - 19
[14] vgl. Horn (o. J.): o. S.
[15] Der russische Wirtschaftswissenschaftler gilt als einer der ersten Vertreter der zyklischen Konjunkturpolitik. Aus Beobachtungen leitete er den Schluss, dass sich wirtschaftliche Auf- und Abschwünge nach mehreren Jahrzehnten durch grundlegende Innovationen formen.; vgl. Bundeszentrale für politische Bildung (o. J.a): o. S.

aufsteigend entwickelt, sondern vielmehr regelmäßigen Schwankungen mit zyklischem Charakter unterliegt.[16] Die Abweichungen betreffen die Wirtschaft als Ganzes und können durch das nachfolgende 4-Phasen-Modell idealisiert visualisiert werden:

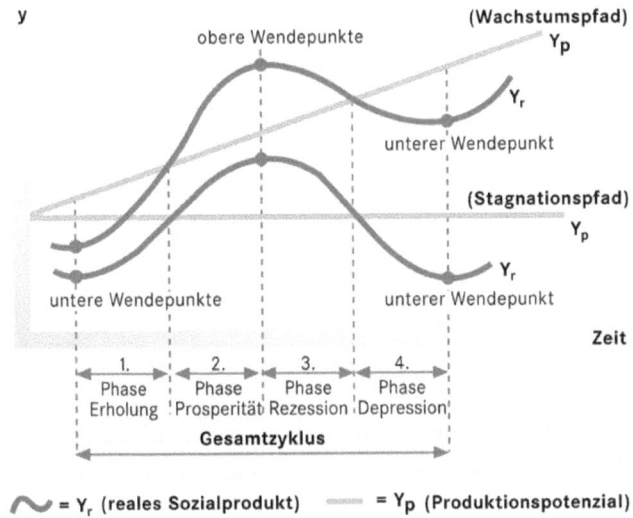

Abbildung 2: Konjunkturzyklen[17]

Die Dauer der Zyklen variiert zwischen drei Monaten (saisonale Schwankungen) bis hin zu mehreren Jahrzehnten (strukturelle Schwankungen).[18] Die Ursachen der sich in dem Kurvenverlauf widerspiegelnden Diskrepanzen, die sich im Auslastungsgrad der gesamtwirtschaftlichen Produktionskapazitäten äußern, können sowohl in Veränderungen der gesamtwirtschaftlichen Nachfrage, als auch in Angebotsschocks durch beispielsweise stark steigende Energiepreise, liegen.[19] Nachfolgend werden die Merkmale der einzelnen Phasen definiert und interpretiert.

---

[16] vgl. Zeit (1993): o. S.
[17] vgl. Bundeszentrale für politische Bildung (o. J.b): o. S.; Das Vier-Phasen Modell geht zurück auf Schumpeter (1939)
[18] Strukturelle Schwankungen (sog. Kondratjew-Zyklen) werden u. a. durch erhebliche Eingriffe und Veränderungen der Wirtschaft ausgelöst, wie z. B. der Industrialisierung.
[19] vgl. Wienert (2008): S. 227

1. Phase: Aufschwung / Erholung

In dieser Phase wird die Rezession überwunden. Der Aufschwung verbindet eine positive Grundstimmung der Marktteilnehmer mit einer vielversprechenden Erwartungshaltung an die Zukunft. Er ist charakterisiert durch eine steigende Gesamtnachfrage sowie eine gesamtwirtschaftliche Produktionszunahme, die sich in einer Erhöhung des BIPs widerspiegelt. Unternehmer tätigen neue Investitionen und schöpfen Produktionspotentiale aus. Ferner geht die Zahl der Arbeitslosen zurück, wobei die Preise jedoch in aller Regel stabil bleiben.[20]

2. Phase: Boom / Prosperität

Die Phase bis zum oberen Wendepunkt signalisiert den Boom, der einen Überhang der Gesamtnachfrage gegenüber dem Produktionspotential abbildet. Die Ausprägungen umfassen Preissteigerungen, eine erhöhte Nachfrage nach Investitionen und Krediten sowie steigende Zinsen. Darüber hinaus werden die Löhne angehoben und es droht die Gefahr der Inflation.[21]

3. Phase: Abschwung

Dem Boom folgend erweist sich der Abschwung aufgrund der getätigten Investitionen als hohe Belastung für die Wirtschaft. Eine rückgängige Nachfrage zwingt die Unternehmen ihre Produktion zurückzufahren und bedingt sinkende Löhne und Entlassungen. Analog nimmt das verfügbare Einkommen ab und die Preise stagnieren.[22]

4. Phase: Depression

Der Konjunkturzyklus erreicht seinen Tiefpunkt in der Depression. Die Stimmung der Marktteilnehmer ist flächendeckend pessimistisch. Es herrscht eine hohe Arbeitslosigkeit und eine geringe Auslastung der Kapazitäten. Unternehmensgewinne und Investitionen verringern sich bei einem gleichzeitigen Abfall des Preisniveaus. Dies führt zu einer negativen Wachstumsrate des realen BIPs.[23]

Abschließend ist festzuhalten, dass die Merkmale der einzelnen Phasen idealisiert dargestellt sind und der Zyklus in der Realität von einer Vielzahl weiterer und zum

---

[20] vgl. Siebert (2007): S. 337 -340
[21] ebenda
[22] ebenda
[23] ebenda

Teil exogener Effekte beeinflusst wird. Die Übergänge sind als fließend zu verstehen. Eine vollständige Abgrenzung der Zyklen ist nicht möglich. Ziel der Politik ist es, die Amplituden durch antizyklische geld- oder fiskalpolitische Maßnahmen möglichst gering zu halten und dabei einen positiven Verlauf des Wachstumspfades zu gewährleisten.[24] Das Stabilitätsgesetz verankert die vier Kernziele der Konjunkturpolitik: Stabilität des Preisniveaus, hoher Beschäftigungsstand, außenwirtschaftliches Gleichgewicht sowie stetiges und angemessenes Wirtschaftswachstum.[25]

Die Definition der empirisch erprobten und konventionellen Konjunkturzyklen ist eine wesentliche Voraussetzung, um die Anomalien dieser zur aktuellen Wirtschaftslage darzustellen.

2.2 Innereuropäische Divergenzen

Die Euro-Zone findet ihren Ursprung im EWS[26] und dem ECU[27]. Deutschland und Frankreich, die als Promotoren der europäischen Integration galten, vertraten aufgrund ihrer divergenten Wirtschaftskulturen verschiedene Vorstellungen zum Aufbau einer gemeinsamen Währung. Während Frankreich durch die Geldentwicklung einen stärkeren Staatseinfluss priorisierte, verwehrte Deutschland den Politikern die Gewährung von Geldern.[28] Die wirtschaftskulturelle Heterogenität der Europäischen Gemeinschaft verstärkte sich durch die Aufnahme weiterer Mitglieder.[29] Verankert im AEUV-Vertrag und gemessen an Inflation, Währung, Staatsverschuldung und BIP, formulierte die EG vier Konvergenzkriterien, um dieser Tendenz entgegen zu wirken.[30] Im Laufe des Integrationsprozesses kam es zu einem Aufweichen der ursprünglich fixierten Kriterien, wobei die Regelgebundenheit des

---

[24] vgl. Tichy (1999): S. 74
[25] vgl. StabG (2012): § 1
[26] Das Europäische Währungssystem wurde laut der EU im Jahr 1979 gegründet, mit dem Ziel Wechselkursschwankungen innerhalb der Europäischen Gemeinschaftszone zu reduzieren.
[27] Die European Currency Unit war ein Währungskorb, bestehend aus zuletzt 12 EU-Mitgliedsländern, für welche eine bestimmte Bandbreite nach oben oder/und unten festgelegt wurde, um die Volatilität der Währungen zu minimieren. Die Notenbanken sollten durch entsprechende Interventionen ein Über- oder Unterschreiten dieser Bandbreiten verhindern.; vgl. Europäische Union (o. J.a): o. S.
[28] vgl. Brunnermeier / James / Landau (2018): S. 59 - 62
[29] vgl. Europäische Union (o. J.b): o. S.
[30] vgl. AEUV: § 140

Handelns durch politisch determinierten Pragmatismus ersetzt wurde.[31] Die Schaffung der Euro-Zone führte zu einem Konvergieren der Renditen von Staatsanleihen. Stark sinkende Renditen für Staatsanleihen in den südlichen Ländern zogen eine zunehmende Kreditfinanzierung der Staatsausgaben nach sich.[32] Auch nationale Banken profitierten von einer erleichterten Kreditbeschaffung, die zunächst in Irland und später in Spanien zu einer Spekulationsblase auf dem Immobilienmarkt führte.[33] Folglich stieg die Staatsverschuldung der südlichen Länder der EURO-Zone bei einem gleichzeitigen Verlust der Wettbewerbsfähigkeit dieser Volkswirtschaften.[34]

Die von Hans Werner Sinn entdeckte „Target-Falle"[35] verleiht der Problematik ein Gesicht. Mit dem Auseinandergleiten der Zahlungsbilanzsalden droht der EURO-Zone ein akutes Stabilitätsrisiko.[36] Die EZB sieht die Lösung in fiskalischer Konsolidierung und Marktinterventionen expansiver Natur. Starke Lockerungen der Refinanzierungsmöglichkeiten der Banken bei den nationalen Notenbanken und Staatspapierkäufe sollen die peripheren Krisenländer retten.[37] Die Marktflutung durch das sogenannte „Quantitative Easing" führt zu einem starken Rückgang der finanziell attraktiven Anlagen und wirkt sich nicht zuletzt auf die Renditen deutscher Bundesanleihen aus. Trotz der Bemühungen der EZB bleibt eine erkennbare makroökonomische Wirkung in Krisenländern wie Griechenland aus.[38]

Die vorstehenden Ausführungen verdeutlichen die Problematik einer einheitlichen Politik, bei Volkswirtschaften, die sich in jeweils unterschiedlichen Phasen des Konjunkturzyklus' befinden. Länder wie Deutschland, die sich tendenziell in der Aufschwung- bis Boomphase befinden, erfahren derzeit eine prozyklische Politik, die nach den Ausführungen zur Konjunkturpolitik unter 2.1 nicht zielführend ist.

---

[31] vgl. Brunnermeier / James / Landau (2018): S. 127 - 148
[32] vgl. Deutsche Bundesbank (2011) S. 31
[33] vgl. Plickert / Frühauf (2012): o. S.
[34] vgl. Tichy (2013) S. 483 - 486
[35] Das Target2 ist ein Zahlungsverkehrssystem, über welches nationale und grenzüberschreitende Zahlungen in Zentralbankgeld abgewickelt werden. Somit misst das System Zahlungsströme innerhalb Europas.; Wagener (2012): o. S.
[36] siehe dazu: Sinn (2012)
[37] vgl. Brunnermeier / James / Landau (2018): S. 381 - 448
[38] vgl. Schütte (2017): o. S.

In jüngster Vergangenheit kontern die Entscheidungsträger der EU mit Konvergenzmaßnahmen, die eine Einheitlichkeit des EURO-Raumes gewährleisten sollen. Die weitestgehend erfolglosen Ansätze spiegeln sich in langen Abstimmungsprozessen und auseinandergehenden Meinungen zu diversen Sachverhalten wider. Ein Überkommen der fortdauernden wirtschaftlichen Divergenz der EWU-Teilnehmerländer ist in naher Zukunft nicht in Sicht.[39]

2.3 New Normal' als Resultat einer makroökonomischen Adaption

Die Bezeichnung „New Normal", zu Deutsch „Neue Normalität", impliziert, dass ein Sachverhalt, der ursprünglich als abnormal galt, Allgemeingültigkeit erlangt hat. Die Redewendung gewann im Rahmen der Wirtschaftskrise an Popularität.[40] Tobias Just, Professor der IREBS Immobilienakademie, brachte diesen Begriff in seinem Vortrag vom September 2017 in einen immobilienwirtschaftlichen Kontext.[41] Im weiteren Verlauf dieser Arbeit wird der Begriff auf Basis der Abschnitte 2.1 und 2.2 genutzt, um die sonderbare marktpolitische Grundsituation zu visualisieren und deren Folgen auf den Immobilienmarkt darzustellen.

Ausgangspunkt des „New Normals" ist die Bildung des EURO-Raums verschiedener Länder mit unterschiedlichsten wirtschaftskulturellen Hintergründen, bei dem eine den individuellen Bedürfnissen eines jeden Landes gerecht werdende Konjunkturpolitik nur bedingt betrieben werden kann. Mit Eintritt der durch die 2007 in den USA ausgebrochene Finanz- und Wirtschaftskrise befindet sich die Europäische Währungsunion nunmehr in einer Strukturkrise. Die EZB agiert mittels expansiver Geldpolitik zunehmend als Brandlöscher und zielt darauf ab, die peripheren GIPSI-Länder zu retten und ein Auseinanderbrechen der EURO-Zone zu verhindern.[42] Folglich verschärft sich die Anspannung der konjunkturellen Situation durch eine zunehmende nationale Fragmentierung, welche die Heterogenität der Teilnehmerländer verstärkt. Für den deutschen Immobilienmarkt stellt sich daher die Frage: Welche Konsequenzen hat die Niedrigzinspolitik der EZB vor dem

---

[39] vgl. Frankfurter Allgemeine Zeitung (2018): S. 19
[40] vgl. McKinsey (2009): o. S.
[41] vgl. Just (2017): o. S.
[42] Als GIPSI-Länder gelten: Griechenland, Italien, Portugal, Spanien und Irland; Bundeszentrale für politische Bildung (2013): o. S.

Hintergrund fortdauernder wirtschaftlicher Divergenzen und ausbleibender konjunktureller Stabilisierung der EWU Teilnehmerländer?

Die makroökonomischen Rahmenbedingungen stehen kontrovers zu den Merkmalen der traditionellen Konjunkturzyklen: Positive Wirtschaftsentwicklung[43] bei niedriger Arbeitslosenquote[44] und geringer Inflation[45]; historisch niedrige Zinsen, die einem langen Trend folgen[46] sowie starke Zuwanderung und ein konstantes Bevölkerungswachstum[47] in Verbindung mit einem Nachfrageüberhang, insbesondere in Großstädten. Für den Immobilienmarkt kann diese Situation als „Sweetspot" bezeichnet werden. Darüber hinaus gilt Deutschland in Zeiten der Unsicherheit als sicherer Hafen - ausländische Investoren bevorzugen zunehmend risikoarme Volkswirtschaften, um ihr Vermögen zu positionieren. Insbesondere in Zeiten des billigen Geldes und unter Betrachtung der Tatsache, dass eine Vielzahl von Investitionen aufgrund der geringen Margen unattraktiv scheint, suchen Investoren nach Chancen, um ihre Renditen zu maximieren.[48] Die derzeit idealen Marktbedingungen wirken sich aufgrund der positiven makroökonomischen Fundamentalfaktoren treibend auf die Preise für Wohnimmobilien aus.

Dennoch stellt sich die Frage, wie lange dieser, den konventionellen Zyklen abweichende, Trend standhält und welche Konsequenzen bei einem Kurswechsel drohen.

---

[43] vgl. Statista (2018a): o. S.
[44] vgl. Statista (2018b): o. S.
[45] vgl. Statista (2018c): o. S.
[46] vgl. Leitzinsen (2018): o. S.
[47] vgl. Statista (2018d): o. S.
[48] vgl. Streit (2018): o. S.

3 Das ‚Bubble'-Modell

Der Ausdruck der Preisblase wird von der Öffentlichkeit zur Beschreibung eines starken Preisanstieges nahezu inflationär genutzt. Folglich herrscht selbst unter Ökonomen Uneinigkeit über eine definitorische Festsetzung. Daher ist es im Rahmen des nachfolgenden Kapitels von immenser Bedeutung, die Begrifflichkeit und deren Charakteristika ökonomisch fundiert abzugrenzen. Der Abschnitt dient insbesondere als Grundlage für die unter 5. durchzuführenden Analysen.

Die klassische Nationalökonomie des 18. und 19. Jahrhunderts vertrat die Meinung, dass der Markt durch eine „unsichtbare Hand" geleitet wird. Adam Smith, der als wichtigster Vertreter der liberalen Wirtschaftslehre galt, plädierte für einen freien Handel, der nicht durch staatliche Privilegien und Vorgaben des Merkantilismus manipuliert wird.[49] Aus dieser Theorie leitet sich das Denken des „Homo Oeconomicus" ab, ein Individuum, das nach wirtschaftlichen Aspekten optimal handelt und stets die eigene Nutzen- bzw. Gewinnmaximierung anstrebt. Er bildet die Grundlage für die neoklassische Kapitalmarkttheorie[50] und besitzt die Fähigkeiten, unter Nutzung vollständiger Informationen und ohne persönliche Präferenzen, völlig rational begründete Entscheidungen zu treffen.[51] Schnell wird deutlich, dass diese Sichtweise die Realität und Komplexität des einzelnen Menschen vernachlässigt. Wiederkehrende Spekulationsblasen veranlassen die sich während der 1960er Jahre etablierende Forschungsdisziplin der „Behavioral Finance" eine Paradigmenerweiterung durch die Hinzuziehung verhaltensorientierter Ansätze zu definieren. Ziel ist es, zu verifizieren, warum scheinbar rational denkende Anleger auf den Finanzmärkten irrationale Entscheidungen treffen. Ferner sollen die bestehenden Modelle ergänzt, Schwachstellen eliminiert und Entstehungsursachen für Preisblasen erklärt werden.[52]

---

[49] vgl. van Suntum (2005): S. 9
[50] Dazu gehören u. a. die Portfolio Theorie und die Capital Asset Pricing Theorie.; vgl. Plöger (2014): S. 12 - 20
[51] vgl. Rolle (2005): S. 180 – 185; vgl. Plöger (2014): S. 12 - 20
[52] vgl. Daxhammer / Facsar (2018): S. 75 - 84

„If the reason that price is high today is only because investors believe that the selling price will be high tomorrow – when "fundamental" factors do not seem to justify such a price – then a bubble exists."[53]

Der Begriff „Preisblase" skizziert eine Metapher für einen überproportionalen und ungerechtfertigten Anstieg von Preisen. Den Ursprung findet dieses Phänomen in Zeiten wirtschaftlicher Expansion. Weitestgehend losgelöst von den Fundamentalfaktoren, bilden sich die Gewinne über Preisänderungserwartungen der Marktteilnehmer. Wie die Erkenntnisse des Behavioral Finance belegen, agieren die Akteure nicht länger rational, sondern orientieren sich im Herdentrieb an dem Verhalten der Marktführer.[54] Der nachfolgende Graph verdeutlicht die Ausführungen.

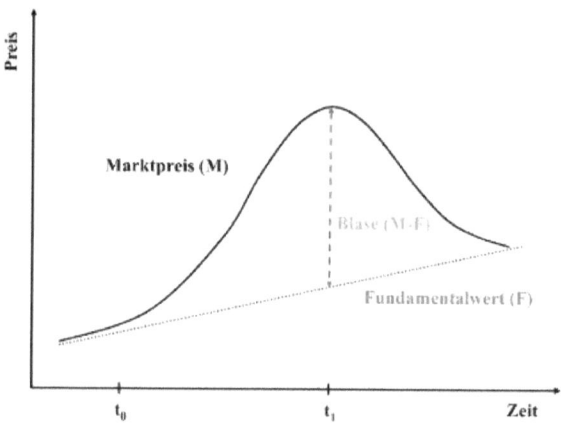

Abbildung 3: Abweichung des Marktpreises vom Fundamentalwert[55]

3.1 Die Anatomie der Spekulationsblase nach Minsky und Kindleberger

Der Wirtschaftswissenschaftler Hyman Minsky vertrat die Ansicht, dass sich Volkswirtschaften nicht immer in einem Gleichgewichtszustand befinden. Er behauptete, dass das Finanzsystem insbesondere in Zeiten des Aufschwunges aufgrund des Kapitalismus instabil werde. In diesem Zusammenhang beschäftigte er sich

---

[53] Zitat von Joseph E. Stiglitz, der in seinem Werk „Symposium on Bubbles" von 1990, welches im Rahmen des Journal of Economics Perspectives Volume 2 Nummer 2 veröffentlicht wurde, eine der populärsten Definitionen einer Preisblase bietet.
[54] vgl. Deutsches Institut für Wirtschaftsforschung (o. J.): o. S.
[55] vgl. Rombach (2011): S. 47

intensiv mit der Finanzierung von Unternehmen, Haushalten und Banken und gilt als Begründer des Minsky-Effektes. Dieses Phänomen sieht die Ursachen einer Krise in einer prozyklischen Kreditvergabe, die aufgrund einer optimistischen Grundhaltung der Marktteilnehmer zu einer künstlichen Aufblähung von Vermögenswerten führt. Erlahmt die Wirtschaft, so sind die Kreditnehmer nicht mehr im Stande ihre Verbindlichkeiten zu tilgen, was zu massiven Preisverwerfungen führt.[56]

Der Ökonom Charles P. Kindleberger entwickelte auf Basis dieser Erkenntnisse das nachfolgende Modell, mit Hilfe dessen der klassische Verlauf einer Blase musterhaft visualisiert werden kann:

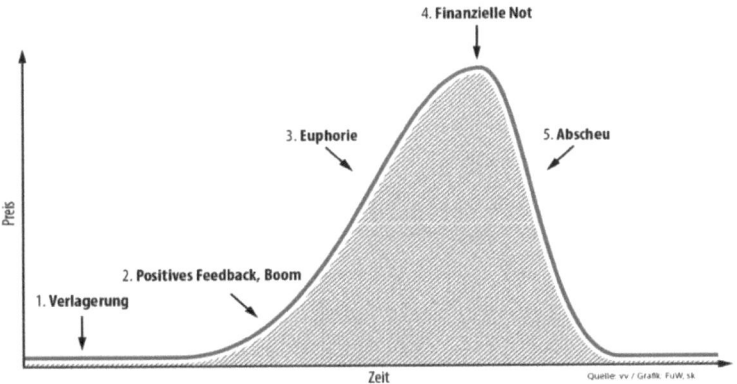

Abbildung 4: Anatomie der Spekulationsblase[57]

Wenngleich die Bezeichnung der jeweiligen Phasen in der Literatur unterschiedlich ist, so ist der Kern der Aussage jedoch der Gleiche. Beginnend mit einer Verlagerung, möglicherweise ausgelöst durch einen exogenen Faktor, wird eine positive Grundstimmung der Marktakteure gestiftet, die in eine Euphorie reift. Den Höhepunkt erreicht die Kurve in der finanziellen Notsituation, nach dessen Übergang ein Preisabfall folgt. Der Ökonom Martin Irle verifiziert diese Entwicklung durch empirische Beobachtungen der Immobilienpreisblasen in Schweden, Japan, Thailand und den USA.[58]

---

[56] vgl. Kindleberger (2011): S. 26 - 27
[57] vgl. Rosa (2015): o. S.
[58] vgl. Irle / Pfnür (2010): S. 33

Um im weiteren Verlauf der Arbeit eine optimale Verweisung und Einordnung in die einzelnen Phasen der Preisblasenbildung vornehmen zu können, werden diese jeweils einem gesonderten Unterpunkt zugeordnet.

3.1.1 Verlagerung

Der Beginn des Preisblasenzyklus wird in aller Regel durch einen exogenen Schock ausgelöst.[59] Äußere Einflüsse verändern die Erwartungshaltung der Marktteilnehmer im Hinblick auf künftige Preissteigerungen. Hierbei kann es sich u. a. um tiefgreifende politische Maßnahmen, einen technologischen Durchbruch aber auch um Einflüsse eines Krieges handeln. Die Nachfrager sind bereit höhere Preise zu zahlen, in der Erwartung, die erworbenen (Vermögens)-güter zu einem späteren Zeitpunkt gegen einen noch höheren Marktpreis wieder veräußern zu können. Dieses Phänomen bildet die Grundlage für das Eintreten eines Booms.[60]

3.1.2 Boom

Angeführt von gewinnversprechenden Zukunftsaussichten schießen die Preise weiter in die Höhe. Befeuert durch eine Kreditexpansion bei einem gleichzeitig niedrigen Zinsniveau nimmt die Zahl der Investitionen stark zu. Vermögensgegenstände und Anlagen werden zunehmend über Fremdkapital finanziert, um einen hohen Leverage-Effekt zu erzielen.[61] Die Kreditwirtschaft, die ebenfalls am allgemeinen Aufschwung partizipieren will, bedient die sprunghaft ansteigende Kreditnachfrage durch eine exzessive monetäre Expansion. Die Akteure fühlen sich zunehmend in ihrem Handeln bestätigt und befinden sich in einer Schleife aus steigenden Preisen und positiver Bestätigung – diese Rückkopplungseffekte werden im Allgemeinen als „Positive Feedback Loop" bezeichnet.[62] Die Realwirtschaft und die am Markt vertretenden Unternehmen profitieren durch Multiplikatoren- und Akzelerator-Effekt in Form von Kapitalzuflüssen und Kurssteigerungen.[63]

---

[59] vgl. Murphy / Cantillon (2014): S. 181; vgl. Irle / Pfnür (2010): S. 33
[60] vgl. Rombach (2011): S. 97; vgl. Irle / Pfnür (2010) S. 33
[61] Der Leverage-Effekt bezeichnet den Vorgang, bei dem ein Investor mehr Fremdkapital aufnimmt, mit dem Ziel die Eigenkapitalrentabilität zu erhöhen. Dieser Effekt greift jedoch nur, sofern die Gesamtkapitalrentabilität höher ist als der Fremdkapitalzinssatz.; vgl. Pate (2004): S. 48 - 50
[62] vgl. Rosa (2015): o. S.
[63] vgl. Vera (2015): S. 22; vgl. Irle / Pfnür (2010): S. 34 - 35

3.1.3 Euphorie

Die positive Stimmung des Booms wandelt sich hin zu einer Euphorie. Die weiterhin wachsende Anzahl an Investoren, begleitet durch eine stetige Erhöhung der Nachfrage, erlaubt eine höhere Gewinnrealisierung. Weitere Individuen werden zum Einstieg bewegt und bewährte Bewertungsgrundsätze werden missachtet. Die Schleife der positiven Rückkopplung verstärkt sich und man ist der Überzeugung, dass weitere Nachfrager bereit sind noch höhere Preise zu zahlen – dieses Erscheinung wird als „Greater Fool Theory" bezeichnet.[64] Die psychologische Komponente spielt hierbei eine bezeichnende Rolle: Irrationales Handeln, Willenskraft und eine nicht unerheblich Überzeugung sowie die Tendenz des Menschen, sich von Herdentrieben anstecken zu lassen, beflügeln diese Phase des Preisblasenzyklus'. Als Folge dessen treten nun auch Akteure auf dem Markt auf, die unter normalen Umständen keine hohen Risiken eingehen. Diese Entwicklung führt zu einer regelrechten Manie und es entsteht eine Preisblase im vollen Ausmaß.[65]

3.1.4 Finanzielle Not

In der Erkenntnis größer werdender Gefahren liquidieren institutionelle Anleger und Experten ihre Vermögenswerte. Der bis dato bullische Markt, der den Marktteilnehmern hohe Gewinne eingespielt hat, neigt zu Korrekturbewegungen. Unscheinbare Ereignisse, wie z. B. die Insolvenz eines Marktteilnehmers, sind erste Anzeichen der Trendwende. Die Nachfrage nach den jeweiligen Vermögensgütern stagniert und der Markt bewegt sich in einem Seitwärtstrend. Demgemäß erkennen auch weitere Marktteilnehmer, dass der Höhepunkt überschritten ist und beginnen ihre Aktiva-Positionen zu veräußern. Die anfänglich leichten Preisabfälle, die vorerst für Investitionen genutzt werden, wandeln sich kurz- bis mittelfristig in eine starke Abwärtsspirale um. Es bildet sich ein Angebotsüberhang, der die ersten Marktteilnehmer mit spekulativer Finanzierungsstruktur zwingt, die Insolvenz zu eröffnen. Die zunehmende Volatilität und Unsicherheit bewegt immer mehr Akteure zur panischen Flucht aus ihren Vermögenswerten und führt zu einer Vertrauenskrise der Wirtschaftssubjekte untereinander. Der Interbankenhandel kommt zum Erliegen und der Markt wird zusehends illiquide. Die Risikomargen auf die

---

[64] vgl. Kindleberger (2011): S. 44
[65] vgl. Kindleberger (2011): S. 30 - 33; vgl. Rosa (2015): o. S.

Kredite steigen, die Handelsumsätze gehen zurück und die Preise brechen endgültig ein.[66]

3.1.5 Abscheu

Die letzte Phase kennzeichnet das endgültige Platzen der Blase. Die Preise fallen bis zu einem Tiefpunkt, an dem der Kauf für Investoren schließlich wieder wirtschaftlich erscheint. Nicht selten sehen sich „Lender of Last Resort" gezwungen, dem Markt frische Liquidität zuzuführen.[67] Der Auslöser dieser Abscheu kann unterschiedlicher Natur sein, wenngleich dieser die Summe mehrerer unbedeutender Vorgänge sein kann oder gar ungewiss bleibt. Das tatsächliche Ausmaß und die Geschwindigkeit der Baisse sind je nach Art der Preisblase nicht pauschalisierbar.[68]

3.1.6 Zusammenfassung des Modells

Jede Preisblase und ihre Bildung verläuft nach einem individuellen Schema. Die Identifikation und Erkennung jener ist eine äußerst diffizile Herausforderung. Dennoch zeigen die Ausführungen, dass sich empirische beobachtete Gemeinsamkeiten im Verlauf der Blase feststellen lassen. Zusammenfassend lassen sich vier Übereinstimmungen formulieren: exogene Effekte als Auslöser der Verlagerung, ein unkomplizierter Zugang zu Kreditmöglichkeiten, eine Schleife aus positivem Feedback durch realwirtschaftliche oder massenpsychologische Prozesse und Informationsasymmetrien zwischen Experten und unerfahrenen Marktteilnehmern.[69]

Mithilfe der Erkenntnisse können im weiteren Verlauf Methoden zur Feststellung der Existenz solcher „Bubbles" identifiziert werden. Nachfolgend werden verschiedene historische Preisblasen beleuchtet, um die Auslöser und Folgen des Phänomens darzustellen.

---

[66] vgl. Kindleberger (2011): S. 31 - 33; Rosa (2015): o. S.;
[67] Es handelt sich hierbei um ein Kreditgeber der letzten Instanz. Dies kann z. B. die Notenbank des jeweiligen Landes sein.; vgl. Deutsche Bundesbank (o. J.a): o. S.
[68] vgl. Vera (2015): S. 25 - 26
[69] vgl. Vera (2015): S. 26 - 27

3.2 Preisblasen als Auslöser vergangener Finanzkrisen

Tulpenkrise 1636, Südseeblase 1711, Dotcomblase 2000 und Subprimekrise 2007 – die Liste historischer Finanzkrisen ist lang und reicht vom Markt für Realgüter wie Tulpen und Immobilien bis zu Geldvermögensgütern wie Aktien und Anleihen. Immer wieder haben Spekulationsmotive zu Fehlbewertungen geführt, die die Wirtschaft in schwere Turbulenzen getrieben hat.[70]

Die Globalisierung und interkontinentale Verflechtung lässt das weltweite Gefahrenpotential von neuzeitlichen Blasen aufgrund von Dominoeffekten akut steigen. Es ist festzustellen, dass das Platzen einer Blase nicht nur die einzelnen Investoren trifft, sondern darüber hinaus schwerwiegende kurzfristige und langfristige volkswirtschaftliche Folgen auslöst.[71] Nachfolgend sollen innerhalb der zwei zu betrachtenden Krisen die Ursachen und das Ausmaß der Spekulationen sowie die Einordnung in den Blasenzyklus aufgezeigt werden.

3.2.1 Börsenkrach 1929

Die Nachkriegszeit brachte goldene Zeiten in den USA. Getrieben von neuen Produktionstechniken, den Fortschritten der Industrialisierung und einem hohen Beschäftigungsgrad verzeichneten die Vereinigten Staaten einen massiven ökonomischen Aufschwung.[72] Der damalige Präsident Coolidge, der die positive Situation mit lobenswerten amerikanischen Tugenden wie Fleiß und Redlichkeit zu begründen pflegte, missachtete jedoch, dass sein Volk in dieser Zeit ein hohes Maß an Sucht und Gier entwickelte. Erste Anzeichen dafür belegte ein Grundstückshype in Florida, bei dem eine Spekulationswelle zu erheblichen Überbewertungen auf dem Häusermarkt führte. Während anfangs die Investitionen mit Fundamentalfaktoren wie der lukrativen Lage und der hohen Kaufkraft der Besucher begründet wurden, so zählte im Laufe der Zeit das alleinige Wertsteigerungsargument. Die Motivlage der Marktteilnehmer war deutlich: Mit wenig Aufwand so reich wie möglich werden. Der sich bereits in der Euphorie befindliche Markt wurde auf regionale Randlagen aufgebläht, bis der Markt im Frühjahr 1926 schließlich kippte und erheblichen Verwerfungen unterlag. Die Einstellung der Akteure zu diesen Zeiten

---

[70] vgl. Rombach (2011): S. 10 - 11; vgl. Daxhammer / Facsar (2018): S. 130 - 132
[71] vgl. Irle / Pfnür (2010): S. 1
[72] vgl. Daxhammer / Facsar (2018): S. 142 - 143

spiegelte die Richtung wider, die zum Ende der „goldenen Zwanziger" führte.[73] Die Spekulationen verschoben sich vom Grundstücks- auf den Aktienmarkt. Positive Unternehmensmeldungen und eine Senkung des Leitzinses der New Yorker Notenbank von 4,0 % auf 3,5 % befeuerten den Optimismus der Marktteilnehmer.[74] Hochkarätige Köpfe aus Wirtschaft und Politik, wie u. a. John J. Raskob, Direktor von General Motors, äußerten sich ebenfalls äußerst positiv zur damaligen Marktentwicklung. Finanzierende Institute wollten an dem Aufschwung teilhaben und erweiterten ihr Kreditgeschäft. Nicht selten finanzierten Anleger ihr Aktiendepot mit Fremdkapitalanteilen von bis zu 80 %.[75] 1928 kam die Euphorie ins Rollen – der Dow Jones hatte sich seit 1924 nahezu vervierfacht und es herrschte die flächendeckende Meinung, dass jeder an den Geschehnissen verdienen könne. Die Fremdkapitalhebel wurden weiter erhöht, mehr Liquidität zur Verfügung gestellt und Fondsgesellschaften sprießten aus dem Boden, um die breite Schicht der Bevölkerung mit Finanzprodukten versorgen zu können.[76] Unter Einfluss des neuen Präsidenten Hoover, der am 4. März 1929 sein Amt antrat, hob die amerikanische Zentralbank die Zinsen schließlich wieder bis auf 6,5 % an und forderte geldgebende Institute dazu auf, die Kreditvergabe zu reduzieren. Die Anspannung stieg, bis einige Blue Chips einen prozentualen Rückgang ihres Aktienwertes im zweistelligen Bereich verbuchen mussten.[77] Wenngleich durch einige geldpolitische Maßnahmen und Investmentbanken eine kurze Erholung stattfand, so war der spätere Einbruch unvermeidbar. Ohne einen genauen Grund für die Abscheu nennen zu können, wollten massenhysterische Anleger ihre fremdkapitalfinanzierten Assets abstoßen. Trotz Stützungskäufe von namenhaften institutionellen Investoren wie Rockefeller konnte das Platzen der Blase nicht verhindert werden.[78] Zahlreiche Unternehmen eröffneten Konkurs und die Selbstmordrate stieg beträchtlich. Um das notwendige Vertrauen der Finanzwelt zurückzugewinnen, beschloss Präsident Hoover an Deutschland gegebene Kreditmittel umgehend zurückzurufen. Infolgedessen rutschte auch Deutschland, das sich kaum von den Strapazen des ersten Weltkrieges erholt hatte, in eine Rezession. Die Reichsbank musste 14 Milliarden

---

[73] vgl. Galbraith (2012): S. 33 - 40
[74] vgl. Daxhammer / Facsar (2018): S. 142
[75] vgl. Galbraith (2012): S. 49 - 59
[76] vgl. Daxhammer / Facsar (2018): S. 143
[77] vgl. Galbraith (2012): S. 71 - 79
[78] vgl. Daxhammer / Facsar (2018): S. 143; vgl. Galbraith (2012): S. 157 - 159

Dollar an die USA zahlen.[79] Gekennzeichnet durch eine Welle von Unterschlagungen, brandmarkte dieser Crash nicht nur die amerikanische Bevölkerung und gilt bis heute als eine der berüchtigtsten Spekulationsblasen der Geschichte.[80]

3.2.2 Dotcom-Blase in 2000

Die sogenannte „New Economy" erfuhr im Glauben an die Ertragskraft des neuen Vertriebskanals Internet einen Boom, der durch hohe Anlagesummen in der Technologiebranche geprägt war. Als Besonderheit ist diese Blase geographisch nicht abzutrennen, sondern wirkte sich auf alle New Economy Nationen aus.[81] Die Verlagerung begann Anfang der 1990er Jahre, als Informationstechnologien, Computer und das Internet für die breite Öffentlichkeit zugänglich wurde. Zusätzlich wurde dieser Trend durch Deregulierungen des Finanzsystems unterstützt. Eine Senkung der Zinsen und eine vermehrte Kreditvergabe fluteten den Markt mit Liquidität und die Notenbanken treten erneut als Katalysator bei der Bildung einer Preisblase auf. Zusätzlich richtete die Deutsche Börse ein neues Segment für Unternehmen aus den Bereichen Technologie, Telekommunikation und Biotech ein – den Nemax. Euphorie verbreitete sich und mediale Berichterstattungen sowie erste signifikante Kursgewinne versetzten die Investoren in überschwängliche Freude. Sämtliche Technologiekonzerne und deren Indizes notierten massive Wertsteigerungen, bis diese schließlich ein Maß annahmen, dass nicht mehr durch Fundamentalfaktoren gerechtfertigt werden konnte. Vielfach überzeichnete Neuemissionen und Verdopplungen der Aktienkurse waren eher die Regel anstatt die Ausnahme, als schließlich der Herdentrieb um 1998 aufkommt. Im Jahr 2000 wies der Filmrechtehändler EM.TV und damit Vertreter der Dotcom-Branche einen Börsenwert von knapp 14 Milliarden Euro auf, bei einem Umsatz von lediglich 320 Millionen Euro und ‚nur' rund 3.000 Mitarbeiter. Ebenso einen Marktwert von 14 Milliarden wies Thyssen Krupp als Vertreter der „Old Economy" auf, die jedoch einen Jahresumsatz von 32 Milliarden mit ca. 200.000 Mitarbeitern generierten und eine Dividende in Höhe von 368 Millionen Euro ausschütteten.[82]

Die Überbewertung schwebte wie ein Damoklesschwert über den Köpfen der Anleger und Misstrauen begann sich zu verbreiten. Die Leitzinsen in den USA wurden

---

[79] vgl. ZDFinfo (2009): o. S.
[80] vgl. Galbraith (2012): S. 172 - 174
[81] vgl. Scholz (2015): S. 33
[82] vgl. Daxhammer / Facsar (2018): S. 145 - 147; vgl. Scholz (2015): S. 36 -38

angehoben und einigen Technologieunternehmen drohte aufgrund zu geringer Umsätze die Insolvenz. Der Pessimismus nahm seinen Lauf als Experten in öffentlichen Publikationen vor negativen Kursentwicklungen warnten und sogenannte „Todeslisten" mit zahlungsunfähigen Technologieunternehmen kursierten. Mit dem März 2000 wurde die letzte Phase der Dotcom Spekulationsblase eingeläutet – die Aufdeckung manipulierter Geschäftszahlen einiger Unternehmen stieß die Baisse der Kurse an. Die ersten Unternehmen eröffneten erwartungsgemäß die Insolvenz und der Nemax fiel ins Bodenlose. Anschläge auf das New Yorker World Trade Center und weiter Vorfälle, wie die Verhaftung des Vorstandsvorsitzenden von Comroad[83] infolge von Kursbetrug und Insiderhandel ließ weitere Indizes, wie den Dax, einbrechen.[84] Die nachfolgende Grafik verdeutlicht anhand der charttechnischen Sichtweise den für eine Blasenbildung klassischen Boom-Bust-Zyklus.[85]

Abbildung 5: Entwicklung des Aktienindex Nemax[86]

---

[83] Das Unternehmen Comroad beschäftigte sich mit der Navigationstechnik.
[84] vgl. Scholz (2015): S. 36 - 38; vgl. Daxhammer / Facsar (2018): S. 145 - 147; vgl. von Frentz (2003): o. S.
[85] vgl. Rombach (2011): S. 29
[86] vgl. Ecker / Zschäpitz (2013): o. S.

4 Preisblasenbildung im immobilienwirtschaftlichen Kontext

Nachdem die theoretischen Grundlagen und die praktischen Erscheinungen des Blasenmodells umfassend betrachtet wurden, gilt es diese in einen immobilienwirtschaftlichen Kontext zu bringen. Als zentraler Untersuchungsgegenstand wird der Wohnimmobilienmarkt mit seinen Charakteristiken definiert und Erklärungsansätze für Spekulationsblasen werden formuliert. Ausgangspunkt dafür bilden die Grundlagen der Preisbildung und -bestimmung auf dem Markt. Abschließend werden anhand der Subprime-Krise von 2008 die realwirtschaftlichen Auswirkungen aufgezeigt.

4.1 Charakteristika des (Wohn-)Immobilienmarktes

Der Immobilienmarkt und speziell der Wohnungsmarkt unterliegt einer Reihe von Besonderheiten, die ihn von einem vollkommenen Markt deutlich abgrenzen. Diese Eigenschaften, die sich von denen anderer Wirtschaftsgüter stark unterscheiden, werden nachfolgend genauer untersucht.

I. Immobilität: Die offensichtlichste und gleichzeitig wesentlichste Eigenschaft liegt in der Standortgebundenheit der Immobilie. Grundstücke sind unbewegliche Güter, denen basierend auf diesem Attribut eine Einmaligkeit inne liegt. Der Standort ist maßgeblich für potentielle Nutzungsmöglichkeiten und den Wert der Immobilie. Infolgedessen lassen sich Immobilien in regionale Teilmärkte rubrizieren.[87]

II. Einmaligkeit: Ausgehend von der Immobilität der Immobilie stellt jedes Objekt ein Unikat dar, sei es im Grundschnitt, der Belüftung oder Belichtung. So trägt nicht nur der regionale Standort, sondern z. B. auch die Lage einer Wohnung innerhalb eines Gebäudes dazu bei, dass jede Immobilie einmalig ist.[88]

III. Heterogenität: Die vorangegangenen Eigenschaften implizieren bereits die Besonderheit der Heterogenität. Keine Immobilie gleicht einer anderen. Somit kann die Annahme der mikroökonomischen Theorie des vollkommenen Marktes nicht angewandt werden.[89]

---

[87] vgl. Vornholz (2013): S. 7
[88] vgl. Brauer (2013): S. 10 - 11
[89] vgl. Vornholz (2013): S. 7

IV. Langer Entwicklungszeitraum: Sowohl die Planungs- und Genehmigungsverfahren, als auch der Bau der Immobilie selbst, können in Abhängigkeit des jeweiligen Projektes bis zu 5 Jahre oder länger andauern. Infolge dieser zeitlichen Abhängigkeit ist die Angebotselastizität zwangsläufig sehr gering. Das in der Fachliteratur als „Spinnwebtheorem" bezeichnete Phänomen erklärt, dass die Immobilienentwickler aufgrund des zeitlichen Verzuges unerwartete Gewinne bzw. Verluste realisieren können, da sich in dem Projektierungszeitraum möglicherweise die Nachfrage- bzw. Angebotssituation geändert hat.[90]

V. Dauerhaftigkeit: Immobilien besitzen im Unterschied zu anderen Gütern eine lange Nutzungsdauer. Nicht selten wird ein Objekt im Laufe seines Lebens mehrfach veräußert und wechselt die Eigentümer.[91]

VI. Hohe Kapitalbindung: Immobilien sind oftmals mit einer hohen Investitionssumme verbunden. Demzufolge ist die Anzahl derer, die einen Immobilienkauf aus finanzieller Sicht zu stemmen in der Lage sind, sehr begrenzt. Dennoch bilden indirekte Anlageformen durch Crowdfunding oder Immobilienfonds für die breite Schicht der Bevölkerung eine Alternative, um von immobilienmarktwirtschaftlichen Entwicklungen zu profitieren.[92]

VII. Hohe Übertragungskosten: Die Transaktion einer Immobilie bürgt eine Reihe von Kosten. Diese Kosten umfassen u. a. die Grunderwerbsteuer, Maklercourtage sowie Grundbuch- und Notargebühren. Sie werden in Summe als Erwerbsnebenkosten betitelt und üben einen wesentlichen Einfluss auf die Wirtschaftlichkeit der Investition aus.[93]

Gemäß den benannten Eigenschaften von Immobilien handelt es sich um einen stark unvollkommener Markt. Es bleibt zu klären, inwiefern sich der Wohnungsmarkt vom übrigen Immobilienmarkt, wie z. B. dem Markt für Gewerbe-immobilien, unterscheidet. Zunächst ist Wohnen ein elementares Bedürfnis und unterliegt nicht im gleichen Maße dem Tropf der Wirtschaft, wie bspw. Büro- oder Gewerbeimmobilien. Aus diesem Grunde folgen Wohnimmobilienmärkte länger anhaltenden Trends und sind im Wesen nach unempfänglicher gegen Marktschwankungen.

---

[90] vgl. Brauer (2013): S. 11 - 12
[91] ebenda
[92] vgl. Vornholz (2013): S. 7
[93] vgl. Brauer (2013): S. 13

Insbesondere aus Gründen der Existenz unterliegt der Markt einer Reihe von rechtlichen Reglementierungen und staatlichen Eingriffen. Mietpreisregulierungen, ein weitgehender Kündigungsschutz und Subventionen sind nur einige der Maßnahmen, die der Staat nutzt, um die Mieterschaft zu schützen.[94] Der Wohnimmobilienmarkt lässt sich in drei Teilmärkte gliedern: den Mietwohnungsmarkt, den Markt für Eigentumswohnungen sowie den Markt für Ein- und Zweifamilienhäuser.[95] Insbesondere der Wohninvestmentmarkt, der primär den Markt für Anlageobjekte widerspiegelt, zeichnet sich im Gegensatz zum Immobiliensektor als Ganzes durch ein vergleichsweise geringeres Maß an Heterogenität aus. Folglich werden umfangreiche Wohnportfolios zwischen Investoren transferiert, bei denen sich die Herausstellung eines Alleinstellungsmerkmales als schwierig erweist.[96]

4.2 Preisbildung und -bestimmung auf dem Immobilienmarkt

Bei Annahme eines vollkommenen Marktes bildet sich der Preis auf dem Investmentmarkt grundsätzlich durch das Zusammentreffen von Angebot und Nachfrage. Die Nachfrage wird durch vier Determinanten bestimmt: Preis der Immobilie, Einkommen des Haushalts, Preis anderer Güter, wie z. B. der Mietpreis sowie den individuellen Bedürfnissen. Das Angebot wird wiederum durch folgende Größen beeinflusst: Preis des Gutes, Preis anderer Güter, Preis der Produktionsfaktoren sowie die Produktionstechnik. Der Schnittpunkt beider Funktionen bildet den Gleichgewichtspreis. Der Preismechanismus führt zu einer effizienten Allokation von Ressourcen.[97] Aufgrund der Eigenschaften der Immobilie ist der Markt jedoch ein stark unvollkommener Markt. Dies kann aufgrund von u. a. Informationsasymmetrien, Präferenzen der Nachfrager, unvollkommener Konkurrenz oder der tendenziellen Heterogenität der Produkte zu Preisübertreibungen führen.[98] Daraus ergeben sich zwangsläufig die Fragen: Was beeinflusst den Wert einer Immobilie und wie wird dieser ermittelt?

Einen besonderen Einfluss auf das Geschehen des Immobilienmarktes nehmen im Speziellen die allgemeine Entwicklung der Wirtschaft, insbesondere die Ein-

---

[94] vgl. Siebert (2007): S. 117 - 120
[95] vgl. Brauer (2013): S. 15
[96] siehe dazu u. a. Savills (2018)
[97] vgl. Siebert (2007): S. 50 - 53; vgl. Vornholz (2013): S. 97
[98] vgl. Vornholz (2016): S. 5

kommensentwicklung der Nachfrage und die regionale Bevölkerungsentwicklung.[99] Der Wert der einzelnen Immobilie leitet sich vorrangig aus dem Makro- und Mikrostandort, der Objektart und deren Qualität / Beschaffenheit ab. Auch hier gilt: Subjektive Einschätzungen und Präferenzen der Nachfrager sind nicht ausgeschlossen und können sich preistreibend auswirken. Der Preisbildungsmechanismus auf dem Immobilienmarkt unterliegt ständigen Schwankungen. Konstante Preise bilden, allein aus Sicht einer zeitlichen Komponente, eher die Ausnahme.[100] Eine fundierte Werteinschätzung spielt bei der Bestimmung des Preises zu einem bestimmten Zeitpunkt eine essentielle Rolle. Das Baugesetzbuch definiert in diesem Zusammenhang den Verkehrswert.

> „Der Verkehrswert (Marktwert) wird durch den Preis bestimmt, der in dem Zeitpunkt, auf den sich die Ermittlung bezieht, im gewöhnlichen Geschäftsverkehr nach den rechtlichen Gegebenheiten und tatsächlichen Eigenschaften, der sonstigen Beschaffenheit und der Lage des Grundstücks oder des sonstigen Gegenstands der Wertermittlung ohne Rücksicht auf ungewöhnliche oder persönliche Verhältnisse zu erzielen wäre."[101]

Diese Definition zielt auf den Wert ab, der auf einem objektiven Markt zu einem bestimmten Zeitpunkt erzielt werden kann. Unabhängig von den deutschen Normen und Richtlinien kann die Ermittlung eines solchen Wertes nach drei grundsätzlichen Schemata erfolgen.

I. Kaufpreisorientierte Verfahren: Die Methodik der kaufpreisorientierten Bewertung untersucht am Markt vollzogene Transaktionen, in Form von Vergleichsobjekten, welche die Grundlage für die zu bewertende Einheit bilden. Die gängige deutsche Methode ist das Vergleichswertverfahren nach § 15 ImmoWertV. Beispiele für internationale Verfahren sind der Market Approach nach IVS[102] sowie die Direct Value Comparison Method.[103]

---

[99] vgl. Murfeld (2010): S. 135
[100] vgl. Vornholz (2016): S. 5
[101] BauGB: § 194
[102] vgl. International Valuation Standards Council (2017): S. 30 - 31
[103] vgl. Irle / Pfnür (2010): S. 17

II. Performanceorientierte Verfahren: Schon im Buch Mose steht geschrieben, dass sich der Wert eines Gutes an dem Ertrag bemisst, der in künftigen Jahren erwirtschaftet wird.[104] Dieser Ideologie folgen die performanceorientierten Verfahren und leiten den Wert des Objektes anhand prospektiv anfallender Erträge bzw. dem Kapitalwert ab. Aus der Kapitalisierung der Erträge leitet sich ein Barwert ab, der vorrangig bei Immobilien mit Gewinnerzielungsabsicht zur Bewertung dient.[105] Beispiele dieser Methodik ist das Ertragswertverfahren im deutschsprachigen Raum oder das international verbreitete DCF-Verfahren als Income Approach Method. Im Gegensatz zu den angelsächsischen Methoden abstrahieren die deutschen Verfahren davon, dass die Erträge an unterschiedlichen Zeitpunkten und in unterschiedlicher Höhe anfallen.[106]

III. Substanzorientierte Verfahren: Diese Verfahrenstechnik bewertet Immobilien mittels des Substitutionsprinzips. Unter der Annahme, dass ein Entscheider exakt die Summe investiert, die an Kosten für das Grundstück und den Bau des Gebäudes anfallen, wird ein Sachwert ermittelt, der jene Ausgaben widerspiegelt, die für die einzusetzenden Materialien kalkulatorisch anfallen würden. Die Immobilienwertermittlungsverordnung regelt das in diesem Zusammenhang stehende und in Deutschland genormte Sachwertverfahren.[107] Angelsächsischer Vertreter ist u. a. der Cost Approach nach IVS.[108]

4.3 Definition von Immobilienpreisblasen

Die vorgenannten Verfahren bieten nur eine ungenügende Grundlage bei der Bewertung einer potentiell vorhandenen Preisblase. Kaufpreisverfahren stellen aufgrund des überhöhten Gesamtmarktniveaus keine fundamental basierten Entscheidungsparameter dar, ebenso wie die performanceorientierten Verfahren, bei denen sich u. a. der Kapitalisierungsfaktor aus dem Markt ableitet. Der Fundamentalwert ermöglicht aufgrund des mit dem bullischen Immobilienmarkt einher-

---

[104] vgl. Luther (1912): Kapitel 25, Vers 14-16
[105] vgl. Irle / Pfnür (2010): S. 18 - 19
[106] vgl. ImmoWertV: § 17 – 20; vgl. International Valuation Standards Council (2017): S. 37 - 38
[107] vgl. ImmoWertV: § 21 – 23
[108] vgl. International Valuation Standards Council (2017): S. 60

gehend inflationären Niveaus der Grundstücks- und Baupreise ebenso ein nur eingeschränktes Bild.[109] Zur Erkennung, Analyse und Prävention einer Preisblase sind die vorstehenden Verfahren demnach unzureichend. Um diese Aufgabenstellung bewerkstelligen zu können, bedarf es zunächst einer fundierten Definition des Begriffes Preisblase im wohnimmobilienwirtschaftlichen Kontext.

Die Diskussion um eine Preisblase auf dem Immobilienmarkt umfasst grundlegend den Immobilieninvestmentmarkt, sprich die Käufe und Verkäufe von Immobilien, weshalb dieser Markt den Untersuchungsgegenstand nachfolgender Analysen darstellt. Mietwohnungen werden i. d. R. aus fundamentalen Gründen gemietet und spekulative Motive bilden hier die Ausnahme.[110]

Basierend auf den vorstehenden Ausführungen wird eine Preisblase als Abweichung des Marktwertes von den Fundamentalwerten auf dem Immobilieninvestmentmarkt definiert und gleicht somit den Auslegungen der allgemeinen Preisblase. Dieses Ereignis kann aus drei Blickwinkeln betrachtet werden: verlaufsorientiert, fundamental und verhaltensbasiert. Die charttechnische Sichtweise beschreibt die Preisblase u. a. anhand des „Boom-Bust" Kursverlaufsmusters der Immobilienmarktpreise und benötigt daher nur ein Minimum an Informationen, um eine Preisblase ex post zu verifizieren, während die fundamentale Sichtweise, als häufigste Methode, auf den Vermögenswert abzielt, der durch die zugrunde liegenden Faktoren abgeleitet werden kann. Der psychologische Ansatz hingegen stellt das Denken und Handeln der Anleger in den Vordergrund.[111] Nachfolgend wird eine genauere Betrachtung der Entstehungsursachen von Immobilienpreisblasen vorgenommen.

4.4 Erklärungsansätze für das Entstehen von Immobilienpreisblasen

Die Ursachen von immobilienwirtschaftlichen Preisblasen sind vielfältiger Natur. Oftmals entstanden in Zeiten wirtschaftlichen Aufschwungs, nimmt diese Entwicklung aufgrund von fundamental gerechtfertigten Preissteigerungen im Laufe der Zeit eine spekulative Komponente an. Eine geringere Risikoneigung, irrationales Handeln sowie ein erleichterter Zugang zu Liquidität manifestieren dieses

---

[109] vgl. Irle / Pfnür (2010): S. 20 - 22
[110] vgl. Vornholz (2016): S. 4
[111] vgl. Rombach (2011): S. 26 - 34

marktwirtschaftliche Ungleichgewicht.[112] Kategorisierend können folgende Ursachen für die Entstehung von Immobilienpreisblasen exemplarisch determiniert werden:

Abbildung 6: Ursachen von Preisblasen[113]

4.4.1 Realwirtschaftliche Faktoren

Diese, zu den fundamentalen Ursachen einer Preisblase zählende Faktoren, beeinflussen die Preisentwicklung maßgeblich. Grundvoraussetzung für die Bildung einer Blase ist das Vorhandensein eines Nachfrageüberhanges, welches sich bei Platzen jener zu einem Angebotsüberschuss umwandelt und die Preise dadurch negativ beeinträchtigt. Ihren Ursprung finden Preisblasen oftmals in Zeiten wirtschaftlicher Expansion. Positive Einkommensentwicklung, eine gute wirtschaftliche Lage sowie niedrige Arbeitslosenquoten verursachen steigende Immobilienpreise. Ferner können Fehlentwicklungen auf dem Immobilienmarkt durch staatliche Interventionen in Form von u. a. Subventionen oder steuerlichen Anreizen hervorgerufen werden. Neben dem gesamtwirtschaftlichen Umfeld stellt der Einfluss des Bevölkerungs- und Haushaltswachstums einen fundamentalen demographischen Indikator für die Nachfrage nach Immobilien dar.[114]

4.4.2 Finanzwirtschaftliche Faktoren

Diese Kategorie aggregiert die Ursachen in Veränderungen der institutionellen Rahmenbedingungen sowie Effekte der Geldpolitik und der Kreditvergabe. Die Liberalisierung und Deregulierung vom Finanzmarkt und seinen Akteuren ist ein häufiger Wegbereiter für Spekulationsblasen. Als Folge dessen führen ein erhöhter Wettbewerb, neue Technologien und innovative Produkte zu einer Reduktion der

---

[112] vgl. DIW (o. J.): o. S.
[113] Eigene Abbildung in Anlehnung an Anlehnung an Vornholz (2016): S. 5
[114] vgl. Irle / Pfnür (2010): S. 220; vgl. Vornholz (2016): S. 6

Kreditkosten. Darüber hinaus ist eine massive Ausweitung der Liquidität ein gern genutztes Instrument der Politik, um krisenhafte Zeiten zu bewältigen, welches jedoch gleichzeitig zu Übertreibungen auf dem Immobilienmarkt führen kann. Diese expansive Maßnahme geht oftmals mit einer Ausweitung der Kreditvolumina einher - ebenfalls ein Vorläufer einer immobilienwirtschaftlichen Preisblase. Zwischen den Immobilienpreisen und der Kreditvergabe entwickelt sich schließlich eine gegenseitig bedingte Aufwärtsspirale. Die Zusammenwirkung dieser Effekte bewirkt eine destabilisierende Dynamik, die in Märkten wie Spanien und Irland zu einer Verdreifachung des Bestandes an Hypothekendarlehen geführt hat.[115]

4.4.3 Psychologische Faktoren

Als dritte Betrachtungsweise werden Preisblasen aufgrund von Beobachtungen von Verhaltensweisen der Anleger spezifiziert. Psychologische Elemente sind wesentliche Einflussfaktoren im Rahmen der Preisbildung auf Immobilienmärkten. Spekulatives Verhalten der Marktteilnehmer, die einen Vermögenswert kaufen, in der Hoffnung ihn später zu einem höheren Marktpreis wieder verkaufen zu können, ebnen den Weg einer Preisblase. Investitionstrends werden im Herdenverhalten nachgeahmt und Fundamentalfaktoren, wie diskontierte Mieten, bilden nicht länger den Mittelpunkt bei der Bewertung der Immobilie. Menschlicher Vernunft widersprechendes Verhalten ist ein bedeutender Indikator für eine spekulative Blase. Die Medien spielen eine bedeutende Rolle in diesem Prozess.[116]

4.5 Auswirkungen einer Immobilienblase: Die Subprime-Krise

Das Pokerspiel von 2008 zwang mit Lehman Brothers eine der größten Investmentbanken der Welt in die Knie und erschütterte die Grundmauern der globalen Finanzwelt. Am 12. September 2008 rief der damalige US-Finanzminister Henry Paulsen die Vorstände der größten Investmenthäuser zu einer Krisensitzung in Manhattan. Was einst nur nach einer problematischen Entwicklung des US-amerikanischen Häusermarktes aussah, wandelte sich in eine weltweite Krise.[117]

Als exogener Auslöser kann der Crash der Dotcom-Blase und die damit einhergehende Senkung der Leitzinsen auf 1 % identifiziert werden. Die Zinsstrategie der

---

[115] vgl. Vornholz (2016): S. 6
[116] vgl. Shiller (2000): S. 72; vgl. Vornholz (2016): S. 6 - 7
[117] vgl. Irle / Pfnür (2010): S. 71 - 73

US-Notenbank sollte eine ausreichende Liquiditätsversorgung in Zeiten der Krise sichern, führte aber zu einer negativen Differenz zwischen Staatsanleihen und der Inflation.[118] Anleger begegneten dieser Situation mit Investition in Immobilien. Es folgte eine massive Vergabe von variabel verzinsten Hypotheken. Ab dem Jahr 2003, in dem das profitable Geschäft mit den Hypothekenkrediten zu versiegen drohte, vergaben Banken auf der Suche nach Profit Darlehen an Personen mit niedriger Bonität. Aufgrund ungenügender regulatorischer Kontrollen und dem damit einhergehenden Verzicht auf Einkommensnachweisen und Eigenkapitalbeteiligungen wurde der Markt zu dieser Zeit für einkommensschwache Haushalte geöffnet. Kreditverpflichtungen wurden in mehreren Tranchen verbrieft, um diese als Anlageprodukt an institutionelle Investoren zu veräußern.[119] Diese hochkomplexen Finanzprodukte, die sich MBS[120] und CDO[121] betiteln, enthielten Pools aus Darlehensforderungen von Schuldnern unterschiedlicher Bonität, wurden jedoch von den Ratingagenturen zumeist mit der höchsten Bewertungsnote versehen.[122] Die Emittierung wurde durch insolvenzsichere Zweckgesellschaften durchgeführt, die als Risikostreuungsinstanz galten.[123] Der entstandene Boom ließ die Wohnimmobilienpreise in den Jahren 1997 bis 2006 inflationsbereinigt um über 80 % steigen und weitere Marktakteure wollten von den Entwicklungen profitieren.[124] Im Jahr 2006 drohte die Kehrtwende. Eine erhöhte Bautätigkeit führte zu einem Angebotsüberhang und es entstand Leerstand – ein Prozess, der unter 4.1 als Spinnwebtheorem oder auch Schweinzyklus definiert wurde. Mit einem zusätzlichen Anstieg der Zinsen und einer daraus resultierenden Verteuerung der Darlehen, stiegen die Ausfallraten der Subprime-Kredite sprunghaft an. Die Banken sahen sich gezwungen, Abschreibungen auf Forderungen und Abstufungen der Ratings aufgrund des erhöhten Risikos vorzunehmen. Mitte 2007 eröffneten die ersten Fonds, die sich am Subprime-Markt verspekuliert haben, die Insolvenz.[125] Aufgrund des internationalen Handels mit verbrieften Hypothekendarlehen schwappte die Krise im Laufe des

---

[118] vgl. Bloss / Ernst / Häcker / Eil (2009): S. 15; vgl. Irle / Pfnür (2010): S. 72
[119] vgl. Daxhammer / Facsar (2018): S. 149
[120] Mortgage Backed Securities – hypothekenbesicherte Wertpapiere
[121] Collateral Debt Obligations – besicherte Schuldpapiere
[122] vgl. Daxhammer/ Facsar (2018): S. 149
[123] vgl. Bloss / Ernst / Häcker / Eil (2009): S. 17
[124] vgl. Irle / Pfnür (2010): S. 76
[125] vgl. Daxhammer / Facsar (2018): S. 150

Jahres 2008 auch nach Europa. Deutsche Kreditinstitute, wie die IKB oder die Landesbank Sachsen mussten durch mehrere Milliarden Euro gerettet werden. der Interbankenhandel kam aufgrund einer Vertrauenskrise zum Stillstand.[126] Den Höhepunkt der Krise bildete schließlich die Insolvenz von Lehman Brothers, eine der weltweit größten Investmentbanken. Die Kreditvergabe wurde aufgrund des Vertrauensverlustes nicht nur in den USA stark eingeschränkt. Die Bundeskanzlerin sieht die wachsenden Gefahren und verspricht den Bürgern, dass die Spareinlagen sicher sind, um einen Banken Run zu verhindern.[127] Im Folgejahr der Krise sank das reale BIP in Deutschland um 5,1 %.[128]

Aus diesem musterhaften Verlauf einer Spekulationsmanie lassen sich zwei wesentliche Klassifizierungen in Bezug auf die Auswirkungen einer Blase vornehmen, die sowohl mikroökonomischer, als auch makroökonomischer Natur sein können.

Kurzfristige Auswirkungen: Die Phase der Euphorie und des Booms führt zu einer Verzerrung der Marktpreise und zu einer Fehlallokation der Ressourcen. Die Allokationsfunktion des Preises wird durch einen oftmals störenden Eingriff ausgelöst. Unternehmen investieren vermehrt und liefern falsche Signale bzgl. der wirtschaftlichen Entwicklung. Zusätzlich entsteht ein positiver Vermögenseffekt bei den privaten Haushalten, der in der Finanzkrise von 2008 zu beobachten ist, als Bürger der unteren Einkommensschicht nunmehr über Immobilienvermögen verfügen und dazu tendieren, ihren Konsum auszuweiten.[129]

Langfristige Auswirkungen: Der kurzfristig positive Vermögenseffekt revidiert sich in einen Negativen. Das Platzen der Blase führte 2008 zu einer globalen Rezession und stiftete flächendeckend einen Rückgang des Wirtschaftswachstums. Firmeninsolvenzen, Instabilitäten im Finanzsektor sowie Preisverfälle sind weitere Folgen. Die Manie wird durch einen panikartigen Verkauf der Vermögenswerte, die zur Preisblase geführt haben, beschleunigt.[130] Es kommt zu massiven Verwerfungen bis hin zu einer globalen Krise.

---

[126] vgl. Daxhammer / Facsar (2018): S. 150 - 151
[127] Angela Merkel versichert in einem öffentlichkeitswirksamen Interview vom 05.10.2008, dass sämtliche Spareinlagen der Bürger abgesichert sind und die Bundesregierung dafür einsteht.
[128] vgl. Daxhammer / Facsar (2018): S. 151
[129] vgl. Rombach (2011): S. 127 - 133
[130] vgl. Rombach (2011): S. 133 - 141

5 Untersuchung des deutschen Wohnimmobilienmarktes

In der ersten Jahreshälfte 2018 erreichte der Wohninvestmentmarkt nach Savills ein Transaktionsvolumen von rund 8,8 Mrd. €. Dies entspricht einem Plus von 19 % gegenüber dem Vorjahreszeitraum. Die dominierenden Marktakteure sind dabei die Immobilien-AGs sowie die Spezialfonds. Allein bei der Buwog-Übernahme durch die Vonovia SE wechselten mehr als 27.000 Wohneinheiten ihren Eigentümer. Insbesondere die C-Städte[131] erlebten eine Steigerung von 290 % gegenüber dem Vorjahreszeitraum, während das Volumen in den sieben A-Städten um fast 20 % zurückging.[132] Das Maklerhaus Engel & Völkers schätzt den im Wohnsektor generierten Geldumsatz durch Transaktionen auf kumuliert 124,8 Mrd. € in 2017, was einem Anstieg von 4,6% gegenüber 2016 entspricht. Dabei entfallen 66,5 Mrd. € auf Eigentumswohnungen und 58,3 Mrd. € auf Ein- und Zweifamilienhäuser.[133] Die aktuelle Debatte um Übertreibungen auf dem Wohnimmobilienmarkt wird durch die nachstehende Grafik in Zahlen gefasst.

---

[131] C-Städte bezeichnet man als wichtige deutsche Städte, mit regionaler Bedeutung und einer maßgeblichen Ausstrahlung auf die umgebende Region. In Deutschland gibt es in Summe 22 C-Städte, worunter u. a. Aachen, Erfurt, Kiel, Magdeburg und Potsdam zählen. Zur Definition und Zuordnung der ABCD-Städte siehe „Klassifikation der Standorte" nach bulwiengesa; vgl. Bulwiengesa (o. J.): o. S.
[132] vgl. Savills (2018): S. 2 - 5
[133] vgl. Engel & Völkers (2017): S. 4

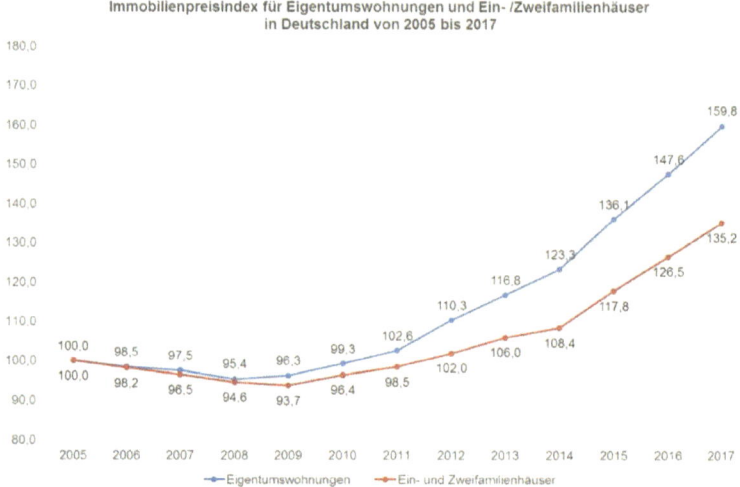

Abbildung 7: Immobilienpreisentwicklung[134]

Diese von den Medien gern genutzte charttechnische Sichtweise bietet jedoch keine valide Datenbasis, um eine fundierte Aussage über das Vorhandensein einer Blase zu treffen. Die Entstehung einer Spekulationsblase ist durch eine Verstrickung vielschichtiger volkswirtschaftlicher Prozesse und psychologischer Hintergründe gekennzeichnet. Die Verifizierung dieser Entwicklung erweist sich in der Praxis, insbesondere in Hinblick auf psychologische Ursachen, oftmals als schwierig. Vielmehr werden Preisblasen in der Regel ex post erkannt, sprich dann, wenn die Großzahl der Marktteilnehmer bereits einen erheblichen, wirtschaftlichen Schaden erlitten haben. Dieser Abschnitt soll helfen, die potentiell vorhandene Preisblase auf dem deutschen Wohnimmobilien frühzeitig zu erkennen und den aktuellen Trend in die Phasen des Modells einzuordnen.

5.1 Formulierung des Analyseschemas

Die Komplexität der Thematik und der Fakt, dass die Immobilienwirtschaft, im Vergleich zum Kapital- und Rohstoffmarkt, als junge wirtschaftswissenschaftliche Disziplin bei der Bewertung von Blasen bis dato in einer tendenziell untergeordneten

---

[134] Eigene Darstellung in Anlehnung an die empirica-Preisdaten (2018a): Ausführliche Berechnung und Datenbasis kann der Anlage 1 entnommen werden

Rolle auftrat, fordert eine strukturierte Vorgehensweise bei der Evaluation einer Preisblasenentwicklung.

Das Rahmenwerk der Untersuchungen bilden die unter 4.4 validierten Erklärungsansätze und Ursachen für wohnimmobilienwirtschaftliche Preissteigerungen bzw. Spekulationsblasen. Innerhalb dieser Eckpfeiler und unter Hinzuziehung immobilienspezifischer Kennzahlen werden verschiedene Indizes und Fundamentalfaktoren geprüft. Ziel ist es, darüber Aufschluss zu geben, inwiefern das aktuelle Preisniveau Übertreibungen unterliegt und ob eine Preisblase auf Basis der jeweiligen Indikatoren erkennbar ist.

In einem ersten Schritt werden die realwirtschaftlichen Fundamentalfaktoren anhand ausgewählter Statistiken und Indikatoren untersucht. Nachfolgend werden die finanzwirtschaftlichen Rahmenbedingungen in Hinblick auf Zins, Inflation, Kreditvergabe und Finanzierungsstruktur geprüft. Im weiteren Verlauf sollen verschiedene psychologische Komponenten der Marktteilnehmer gefiltert und bewertet werden. Abschließend werden die Ergebnisse zusammengefasst, in die Phasen des Bubble-Modells eingeordnet und mit dem Zusammenbruch des US-amerikanischen Häusermarktes von 2008 verglichen.

5.2 Realwirtschaftliche Faktoren

Die real- und immobilienwirtschaftlichen Fundamentfaktoren umfassen im Einzelnen das Wirtschaftswachstum, die Demographie, die Bautätigkeit, den Leerstand sowie die Mieten und das Einkommen. Bei der Betrachtung vergangener, durch Preisübertreibungen ausgelöster Krisen wird deutlich, dass Blasen oftmals in Zeiten wirtschaftlichen Aufschwunges entstehen. Demnach gilt es, die allgemeine Lage mit besonderen Augenmerk auf den Wohnimmobilienmarkt zu beleuchten.

5.2.1 Wirtschaftswachstum

Die Jahre 2010 bis 2017 waren in Deutschland durch ein kontinuierliches Wirtschaftswachstum geprägt. Allein im Jahr 2017 stieg das Bruttoinlandsprodukt um 2,2 % gegenüber dem Vorjahr.[135] So konnte das BIP je Erwerbstätigen von 60.165 € in 2010 auf 73.680 € im Jahr 2017 erhöht werden.[136] Diese Wachstumsimpulsive

---

[135] vgl. Statistisches Bundesamt (2018a): o. S.
[136] vgl. Statista (2018e): S. 15

haben ihren vornehmlichen Ursprung im Inland: Private Konsumausgaben stiegen in 2017 preisbereinigt um 2,0 % und Bauinvestitionen dabei um 2,6 %. Nahezu alle Wirtschaftsbereiche waren 2017 in der Lage, ihre preisbereinigte Bruttowertschöpfung gegenüber dem Vorjahr zu steigern. Darüber hinaus erreichte die Zahl der Erwerbstätigen in 2017 mit ca. 44,3 Millionen einen neuen Höchststand.[137] Zwischen 2010 und 2017 sank die Erwerbslosenquote um 2,8 %-Punkte auf 3,6 %. Das wirkt sich nicht zuletzt positiv auf die Einkommen aus. Von 2010 bis 2017 stieg das verfügbare Einkommen um mehr als 16 % von 19.452 € auf 22.671 € pro Kopf. Die Sparquote betrug in 2017 ca. 12,4 % und lag damit 3,3 %-Punkten über dem Wert von 2010.[138] Es ist jedoch herauszustellen, dass die Werte je nach Bundesland divergieren; so lag das verfügbare Einkommen 2016 in Hamburg 6.122 € über dem von Mecklenburg-Vorpommern.[139] Zusammenfassend ist festzuhalten, dass die Zahlen eine derzeit gute wirtschaftliche Verfassung der Bundesrepublik Deutschland belegen.[140]

5.2.2 Demographie

Im Jahr 2016 verzeichnet Deutschland eine Einwohnerzahl i. H. v. 82,52 Millionen Menschen. Das entspricht einer moderaten Steigerung von knapp 3 % seit 2011.[141] Trotz der positiven Bevölkerungsentwicklung weist der Saldo aus Geburten- und Sterberate in 2016 ein Defizit von knapp 150.000 aus.[142] In jüngster Vergangenheit wurde diese negative Entwicklung durch den Wanderungssaldo ausgeglichen. Allein in den Jahren 2014 bis 2016 erfährt die Bundesrepublik einen positiven Wanderungssaldo von knapp 2,2 Mio. Menschen.[143] Ein Trend, der nicht zuletzt für das System der Sozialversicherung von enormer Bedeutung sein kann. Die Bewegungen sind im Wesentlichen auf die Flüchtlingskrise zurückzuführen. Folglich stellt sich die Frage der fachlichen Qualität der Einwandernden. Deutschland könnte von überdurchschnittlich qualifizierten Arbeitskräften profitieren, wenngleich eine

---

[137] vgl. Statistisches Bundesamt (2018b): o. S.
[138] vgl. Statistisches Bundesamt (2018c): S. 20 - 22
[139] vgl. Statistisches Bundesamt (2018d): o. S.
[140] vgl. Deutsche Bundesbank (2018a): S. 5
[141] vgl. Statista (2018f): o. S.
[142] vgl. Statista (2018g): o. S.
[143] vgl. Statista (2018h): S. 16

Einwanderung in die Sozialsysteme eine zusätzliche Belastung wäre.[144] Unternehmen betrachten die Zuwanderung als kritisch. Eine Umfrage des ifo-Institutes belegt, dass lediglich 34 % der Arbeitgeber bereit wären, Flüchtlinge in ihrem Unternehmen einzusetzen. Die größten Hürden werden sowohl in den sprachlichen Barrieren als auch in den rechtlichen Rahmenbedingungen gesehen.[145]

Von besonderer immobilienwirtschaftlicher Relevanz sind der Trend der Urbanisierung und der damit einhergehende Bevölkerungszuwachs in den großen sieben Städte Deutschlands.[146] Innerhalb der letzten fünf Jahre ist die kumulierte Einwohnerzahl der ‚Big 7' pro Jahr um 114.000 gestiegen – dies entspricht einem jährlichen Zuwachs von ca. 1,2 %. Daraus leitet sich ein geschätzter Wohnungsbedarf i. H. v. 60.000 Wohnungen pro Jahr ab.[147]

Laut einer Studie der Bertelsmann Stiftung wird die Bevölkerungszahl bis zum Jahr 2030 auf unter 80 Mio. Einwohner fallen. Der höchste Rückgang wird mit -13,6 % Sachsen-Anhalt prognostiziert, während Berlin ein zweistelliges Plus verzeichnen kann. Die Analysen deuten darauf hin, dass sich das Stadt-Land-Gefälle künftig zuspitzt. Darüber hinaus wird ein weiterer Anstieg der Alterung um 2,8 Jahre (Medianalter) erwartet.[148]

Eine zunehmende Alterung und ein stagnierender Bevölkerungszuwachs prägen das demographische Bild Deutschlands. Schenkt man aktuellen Studien Glauben, so ist eine Veränderung dieser Situation in mittelfristiger Zukunft nicht sichtbar. Dennoch profitieren vor allem die Großstädte vom „Megatrend Urbanisierung" und verzeichnen beachtliche Zuwächse, die zu einer stark erhöhten Nachfrage an Wohnraum führen.

5.2.3 Bautätigkeit und Leerstand

Die Bautätigkeit bzw. die Fertigstellungen gelten als entscheidender Indikator für die Entwicklung des Angebotes an Wohnungen. Seit 2011 hat der Neubau von Wohnungen aufgrund der erhöhten regionalen Nachfrage stark zugelegt. 2016 wurde

---

[144] vgl. Fuest (2017): o. S.
[145] vgl. ifo Schnelldienst (2016): S. 83 - 85
[146] Zu den „BIG 7" gehören Berlin, Hamburg, München, Frankfurt am Main, Stuttgart, Köln und Düsseldorf.
[147] vgl. DGHyp (2017): S. 40 - 42
[148] vgl. Bertelsmann Stiftung (2015): S. 4 - 6

der Bau von insgesamt 375.000 Wohnungen genehmigt, wobei nur knapp 278.000 Wohnungen realisiert wurden. Wie die Ausführungen unter 4.1.IV belegen, kann die Ursache dafür in langwierigen Fertigstellungsprozessen gefunden werden. Darüber hinaus werden i. d. R. nicht alle genehmigten Wohnungen tatsächlich gebaut, wobei die Gründe dafür unterschiedlichster Natur sein können.[149] Das Jahr 2017 birgt jedoch eine deutliche Abkühlung in der Zahl der Baugenehmigung. Insgesamt wurden 348.100 Wohnungen genehmigt, was einem Minus von 7,3 % gegenüber dem Jahr 2016 entspricht. Seit 2008 ist der Wert damit erstmals niedriger als im Vorjahr.[150] Die Zahl der Fertigstellungen konnte dennoch auf knapp 285.000 in 2017 gesteigert werden.[151]

Eine wesentliche Determinante der Bautätigkeit und damit des Angebots sind die Baupreise. Eine Abwandlung des Quotienten nach Tobin, der ursprünglich zur Bestimmung des Marktwertes eines Unternehmens im Rahmen der Portfoliotheorie entwickelt wurde, hilft dabei, die Vorteilhaftigkeit des Bauens für einen Investor zu bestimmen. Tobin's q stellt dabei das Verhältnis von Marktpreisen und den Wiederherstellungskosten dar.[152]

$$\text{Tobin's q} = \frac{\text{Marktpreis}}{\text{Wiederherstellungskosten}} = \frac{\text{Preisindex für Wohnimmobilien}}{\text{Baupreisindex für Wohnimmobilien}}$$

Die Ableitung der Kennziffer auf den Wohnimmobilienmarkt verdeutlicht, dass sich ein rational denkender Anleger für die günstigere Variante entscheiden wird. Liegt der Quotient bei über Eins, so ist davon auszugehen, dass der Investor zu Wiederherstellungskosten selbst baut, da dies für ihn finanziell vorteilhafter ist. Damit gibt der Indikator Auskunft über die Vorteilhaftigkeit einer Investition in ein Realvermögensgut und eignet sich zur Untersuchung der aktuellen Marktlage.[153]

---

[149] vgl. Gutachterausschuss (2017): S. 240
[150] vgl. Statistisches Bundesamt (2018e): o. S.
[151] vgl. Statistisches Bundesamt (2018f): S. 3
[152] vgl. Burmann (2002): S. 34 - 36
[153] vgl. Rombach (2011): S. 241 - 245

Abbildung 8: Tobin's q[154]

Das Verhältnis zwischen den beiden Größen tendiert zu einer Gleichgewichtsbeziehung. In Zeiten der Krise kam es aufgrund des Einbruches der Marktpreise zu einer Unterbewertung, die sich bis zum Jahr 2014 erholte. Der Markt für Ein- und Zweifamilienhäuser befindet sich auch in 2017 im Einklang mit den Baupreisen, während Eigentumswohnungen dazu tendieren, sich von den Baupreisen abzukoppeln. Folglich tendieren Investoren gegenwärtig zum Bau von Wohnungen, um diese anschließend gewinnbringend zu Marktpreisen zu veräußern. Die Aussagekraft der Kennziffer wird durch die Wahl des Basisjahres beschränkt. Sofern sich der Wohnungsmarkt bereits im Basisjahr 2005 im Ungleichgewicht befunden hätte, würde dies aus den Berechnungen nicht hervorgehen, da die Indizes die Basis 100 besitzen und damit ein gesunder Markt vorausgesetzt wurde. Zum anderen erweist sich die Bestimmung der Zählergröße als problematisch. Anders als beim Baupreisindex, der transparent durch das Statistische Bundesamt geführt wird, existiert kein einheitliches Verzeichnis zum Preisniveau der Wohnimmobilien.

Dem Angebot gegenüber steht auf der Nachfrageseite die Anzahl der Haushalte. Trotz eines stagnierenden Bevölkerungswachstums steigt die Anzahl der Haushalte. Dem zugrunde liegen die zunehmende Singularisierung und eine Ver-

---

[154] Eigene Darstellung: Ausführliche Berechnung und Datenbasis kann der Anlage 2 entnommen werden

ringerung der Pro-Kopf-Quote per Haushalt. Bis 2020 muss mit einem erhöhten Wohnungsbedarf von ca. 272.000 gerechnet werden - bis 2030 im Mittel mit 230.000 Wohnungen.[155] Stellt man die Zahlen von Bedarf und Fertigstellungen gegenüber, so scheint zumindest in jüngster Vergangenheit ein bundesweit ausgeglichenes Niveau erreicht. Dennoch gilt es auch hier, ein besonderes Augenmerk auf die Großstädte zu richten. Nachfolgend werden die aktuellen Herausforderungen am Beispiel von Berlin aufgezeigt.

Der Kaufpreis pro Quadratmeter in Berlin lag Ende des Jahres 2017 ca. 10 % über dem vom Vorjahr. Analog dazu stiegen die Angebotsmieten von 2016 auf 2017 um 8,8 %.[156] Die starke Preisdynamik ist das Resultat aus einer hohen Anzahl fehlender Wohnungen. Hauptgründe für die schleppende Bautätigkeit sind u. a. der Mangel an Bauland. Während das Verhältnis aus Angebot und Nachfrage im oberen Preissegment nahezu ausgeglichen ist, so fehlen die Wohnungen primär im unteren und mittleren Preissegment. Eine hohe Diskrepanz zwischen Genehmigungen (25.100) und Fertigstellungen (13.700) verschärfen die Situation.[157] Ein zuverlässiger Indikator, der die Anspannung des Marktes darstellt, ist der Leerstand. So liegt dieser in Berlin bei rund 1,2 % in 2015. Bei keinem der weiteren Top 7 Standorte überschreitet der Leerstand die 2 %-Marke – ein deutliches Zeichen des starken Nachfrageüberhanges in den Großstädten.[158] Der bundesweite Durchschnitt des marktaktiven Leerstandes liegt laut CBRE-empirica-Leerstandsindex zum Ende des Jahres 2016 bei 2,9 % und damit deutlich über den Werten der sieben größten Städte.[159]

Summa summarum ist ein künftiger Nachfrageeinbruch auf dem deutschen Wohnimmobilienmarkt, insbesondere in den Städten, nicht zu erwarten. Die moderaten Baufertigstellungsraten sind kaum in der Lage den erheblichen Bedarf an Wohnraum zu decken. Ein rückläufiger Leerstand, ausgenommen von peripheren Gebieten, prägen das Bild des deutschen Immobilienmarktes. Diese Tendenzen sprechen grundsätzlich für einen fundamental gerechtfertigten Anstieg der Preise.

---

[155] vgl. Bundesinstitut für Bau-, Stadt- und Raumforschung (2015): S. 13 - 14
[156] vgl. CBRE (2018): S. 12 - 13
[157] vgl. Deutsche Bank (2018): S. 5 - 6
[158] vgl. CBRE (2017): S. 3
[159] vgl. empirica (2018b): o. S.

5.2.4 Mieten und Einkommen

Die zentrale Kennziffer und der wahrscheinlich bedeutendste Wertetreiber des Kaufpreises für Anlageobjekte ist die Miete. Sie ist maßgeblich für die Höhe der aus der Investition erwirtschafteten Rendite und des Cash-Flow. Demnach stellt sich die Frage, ob das Mietniveau mit den Kaufpreissteigerungen Schritt halten kann. Mit Beantwortung dieser Crux kann eine Aussage getroffen werden, ob die Kaufpreise in einem fundamental gerechtfertigten Ausmaß steigen, oder ob sich diese offensichtlich über die Hoffnung höherer Wiederverkaufserlöse bilden. Die zentrale Kennziffer, mit der das Niveau der Preise evaluiert werden kann, bildet die Price-Rent-Ratio, welche das Analogat zu dem auf dem Aktienmarkt Anwendung findenden KGV[160] darstellt.[161] Die Price-Rent-Ratio, in der Fachliteratur oft als Mietenmultiplikator oder Vervielfältiger bezeichnet, ist der Kehrwert der statischen Anfangsrendite und setzt die Investitionskosten in Relation zum Jahres(roh)ertrag.[162] In einem rationalen Umfeld ist zu erwarten, dass ein Individuum eine Mietwohnung vorzieht, sofern der Kaufpreis in einem überproportionalen Verhältnis zur Miete steht. Die Betrachtung der Kennziffer in Bezug auf Ein- und Zweifamilienhäuser wird in diesem Fall vernachlässigt, da diese Assetklasse nicht primär die Ertragserzielung verfolgt und die Auswertbarkeit aufgrund der Heterogenität wenig fundiert ist.

---

[160] Das Kurs-Gewinn-Verhältnis ist eine maßgebliche Kennziffer, um die Attraktivität einer Aktie zu ermitteln. Der Nobelpreisträger Robert Shiller hat diese Kennziffer weiterentwickelt, sodass es möglich ist, eine Blase auf dem Aktienmarkt zu identifizieren.; vgl. Hasler (2011): S. 341 - 342

[161] vgl. Hellerforth (2008): S. 15

[162] vgl. Brauer (2013): S. 445 - 446

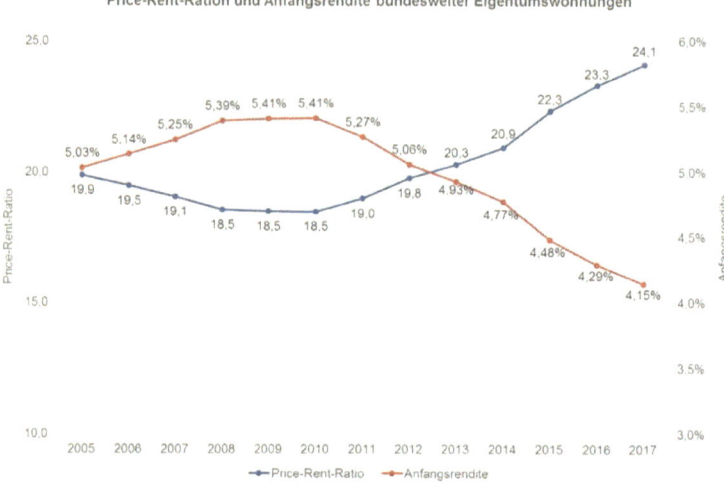

Abbildung 9: Multiplikator deutscher Eigentumswohnungen[163]

Seit der Nachkrisenzeit im Jahr 2009 ist bis zum Jahr 2017 ein Anstieg des Vervielfältigers von Eigentumswohnungen um knapp sechs Einheiten zu beobachten. Dies entspricht einem Rückgang der spiegelbildlichen Anfangsrenditen von knapp 1,5 %-Punkten. Demnach ist das Preisniveau gegenüber dem Mietniveau überproportional gestiegen. Bei gewissenhafter Analyse der Daten wird jedoch schnell deutlich, dass diese Betrachtungsweise die Entwicklung fundamentaler Faktoren außer Acht lässt. Untersucht man im gleichen Zusammenhang potentielle Opportunitätsrenditen von z. B. Bundesanleihen, so wird deutlich, dass diese gleiche Tendenzen über den angegebenen Zeitraum ausweisen. Bundesanleihen mit einer zehnjährigen Laufzeit betrugen im Jahr 2008 eine Rendite von 4 %, liegen im Jahr 2017 jedoch nur noch bei 0,37 %.[164] Die rückläufigen Renditen auf den Wohnimmobilienmärkten können fundamental mit dem Druck des Geldes aufgrund der Geldpolitik gerechtfertigt werden. Dennoch gilt auch hier einen gesonderten Blick auf die Großstädte zu werfen, die in erster Linie die politische Debatte bezüglich Preisübertreibungen dominieren. Während der bundesweite Durchschnitt des Multiplikators bei 24,1 in 2017 liegt, so werden in den A-Städten nicht selten Objekte zu

---

[163] Eigene Darstellung: Ausführliche Berechnung und Datenbasis kann der Anlage 3 entnommen werden

[164] vgl. Statista (2018i): o. S.

mehr als dem 30-fachen der Jahresmieteinnahmen veräußert.[165] Die niedrigeren Renditen können zwar mit einem geringeren Risiko begründet werden, dennoch ist nicht auszuschließen, dass einige Marktakteure spekulative Zwecke verfolgen. Insbesondere der Handel mit Bauland steht im Fokus der öffentlichen Debatte und wird durch die Medien zunehmend thematisiert.[166] Werden im Gegensatz dazu die Multiplikatoren von D-Städten herangezogen, die grundsätzlich aufgrund von z. B. rückläufiger Bevölkerungszahlen einem höherem Risiko unterliegen, wird sichtbar, dass eine Risikoeinpreisung über einen niedrigeren Vervielfältiger durchaus stattfindet.[167]

Als ein weiterer Indikator zur Bewertung von Immobilienmärkten und als Ergänzung der Ausführungen unter 5.2.1 dient die Price-Income Ratio. Wie aus dem Namen schließen lässt, werden im Gegensatz zum Multiplikator nicht die Mieten, sondern das monatlich verfügbare Einkommen ins Verhältnis zum Kaufpreis pro Quadratmeter von Wohnimmobilien gesetzt. Eine hohe Ratio bedeutet eine große finanzielle Belastung des Haushaltes, der eine Immobilie erwerben möchte.[168] Nachstehende Abbildung visualisiert den Verlauf dieser Kennziffer im Betrachtungszeitraum.

---

[165] vgl. IVD (2018a): S. 26
[166] Siehe dazu unter anderem die folgenden Artikel: Fabricius (2018): o. S.; Edelhoff / Salewski (2018): o. S.; Schwochow (2018): o. S.
[167] Recklinghausen, als Beispiel einer D-Stadt, unterliegt einer unterdurchschnittlichen Kaufkraft und hat zwischen den Jahren 2011-2016 ein Bevölkerungsrückgang von 1,7 % verzeichnet. Der durchschnittliche Multiplikator liegt bei ca. 11 und damit weit unter dem Bundesdurchschnitt.; vgl. IVD (2018a): S. 30
[168] vgl. Finicelli (2007): S. 9 - 10

Untersuchung des deutschen Wohnimmobilienmarktes

Abbildung 10: Price-Income Ratio deutscher Wohnimmobilien[169]

Der Graph zeigt, dass das allgemeine Preisniveau von Ein- bzw. Zweifamilienhäusern über dem der Eigentumswohnungen liegt. Eine plausible Begründung kann in dem erhöhten Wohnwert durch den alleinigen Besitz eines dazugehörigen Grundstückes oder in der absoluten Handlungs- und Verfügungsfreiheit liegen. Darüber hinaus ist auffällig, dass die Kurve der Eigentumswohnungen einer wesentlich höheren Volatilität unterliegt. Während die prozentuale Steigerung der Ratio vom Tiefpunkt 2008 bis 2017 bei Ein- und Zweifamilienhäusern weniger als 20 % beträgt, so beläuft sich diese bei Eigentumswohnungen auf über 40 %. Da die Price-Income Ratio eine tendenziell geringe Schwankungsbreite aufweist und in langen Betrachtungszeiträumen eine Gleichgewichtsbeziehung zwischen Einkommen und Preisen besteht, erscheint eine Steigerung von 40 % als erheblich.[170] Dem kann zugrunde liegen, dass Eigentumswohnungen als Anlagegut eher zum Spielball potentieller Investoren werden, während Häuser überwiegend zur Selbstnutzung und damit zum Eigenbedarf erworben werden. Eine Untersuchung der Zeitschrift „Das Investment" belegt, dass insbesondere die Städte Berlin, Hamburg und München einen Zuwachs der Price-Income Ratio von 45 % im Zeitraum von 2007 bis 2015

---

[169] Eigene Darstellung: Ausführliche Berechnung und Datenbasis kann der Anlage 2 entnommen werden
[170] vgl. Rombach (2011): S. 320 - 321

verzeichnet haben.[171] Die Auswertung des Indikators deutet auf einen angespannten Markt, insbesondere in den Großstädten, hin. Die Verteilung dieser Anspannung wird bei der Betrachtung des Ergebnisses einer Studie von prognos deutlich.

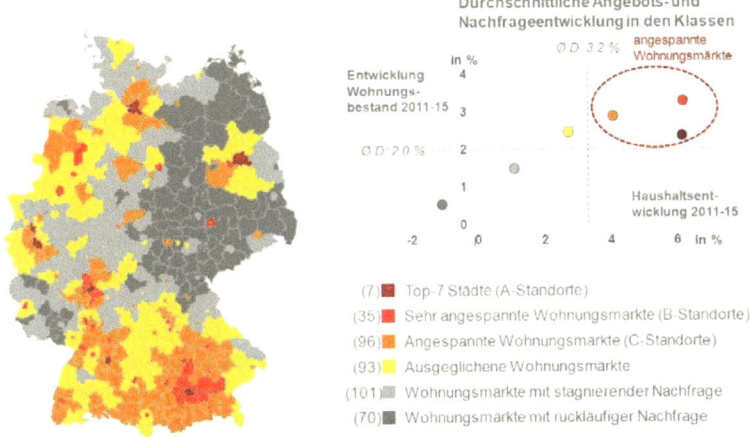

Abbildung 11: Regionale Wohnungsmärkte[172]

Neben den Top-7 Standorten weisen zudem mittelgroße Städte eine angespannte Wohnungsmarktsituation aus. Die Anspannung resultiert einerseits aus der starken Binnenwanderung aufgrund des Trends der Verstädterung und andererseits aus der geringen Zunahme des Wohnungsbestandes. Bei genauerer Betrachtung der Abbildung wird zudem ersichtlich, dass die den Großstädten umliegende Gebiete nur bedingt von der positiven Entwicklung der Ballungszentren profitieren. Vielmehr scheint eine Nachfragekaskade hinzu den mittelgroßen Städten zu entstehen, die eine Infektionsgefahr mit sich bringt.

5.3 Finanzwirtschaftliche Faktoren

Die Betrachtung historischer Krisen belegt, dass die finanzwirtschaftlichen Rahmenbedingungen als Brandstifter bei der Bildung von Spekulationsblasen agierten. Eine expansive Kreditvergabe und niedrige Zinsen befeuern das Preisniveau von Vermögensgüter. Nachfolgend werden wesentliche Kennzahlen der Finanz-

---

[171] vgl. Das Investment (2016): o. S.
[172] vgl. prognos (2017): S. 14 - 15

wirtschaft untersucht und in Hinblick auf eine potentielle Gefahr zur Blasenbildung bewertet.

5.3.1 Zins

In einer Pressekonferenz der EZB vom 26. Juli 2018 verkündet Mario Draghi, Präsident der Zentralbank, das Zinsniveau nicht erhöhen zu wollen. Damit bleiben die Leitzinsen auf dem historischen Tiefpunkt von 0 %.[173] Dennoch hat die EZB den Ausstieg aus dem Anleihekaufprogramm angekündigt und setzt damit einen Schritt entgegen der lockeren Geldpolitik.[174] Die Zinsen für Hypotheken und Baufinanzierung sind analog auf einem historisch niedrigen Stand. Während die 10-Jahres Zinsen Mitte des Jahres 2008 noch bei 5,3 % lagen, so befinden sich diese nunmehr bei knapp 1,5 %. Zwar sind diese seit ihrem Tiefpunkt im Oktober 2016 leicht gestiegen, dennoch ist der derzeitige Level für Investoren sehr attraktiv.[175]

Als Erweiterung der bereits betrachteten Indikatoren ist der sog. Erschwinglichkeitsindex dem Price-Income Ratio voraus, da dieser bei der Bewertung das Zinsniveau mit einfließen lässt. Die Erschwinglichkeit beschreibt das Verhältnis der Kosten des Wohnraums zur Einkommenssituation eines Haushaltes und führt die Faktoren Immobilienpreise, Gehälter und Zinsniveau zusammen.[176] Als gängiges Instrument zur Bewertung des Preisniveaus im Wohnimmobilienbereich gibt er Auskunft darüber, inwiefern ein Immobilienerwerb für den durchschnittlichen Haushalt finanziell möglich ist. Ein hoher Index zeugt von einer guten, ein niedriger Wert von einer schlechten Erschwinglichkeit. Bundesweit befindet sich der Index mit über 122 auf einem hohen Niveau (2008 lag er im Vergleich bei ca. 91).[177] Demzufolge ist es für Haushalte attraktiv geworden, Wohnimmobilien zu kaufen. Die Entwicklung des Zinsniveaus spielt dabei eine erhebliche Rolle. Betrachtet man jedoch die Top-7-Städte, so ergibt sich erneut ein differenziertes Bild.

---

[173] vgl. Draghi (2018): o. S.
[174] vgl. Handelsblatt (2018): o. S.
[175] vgl. Interhyp (2018): o. S.
[176] vgl. Rombach (2011): S. 236 - 237
[177] vgl. IVD (2018b): o. S.

Untersuchung des deutschen Wohnimmobilienmarktes

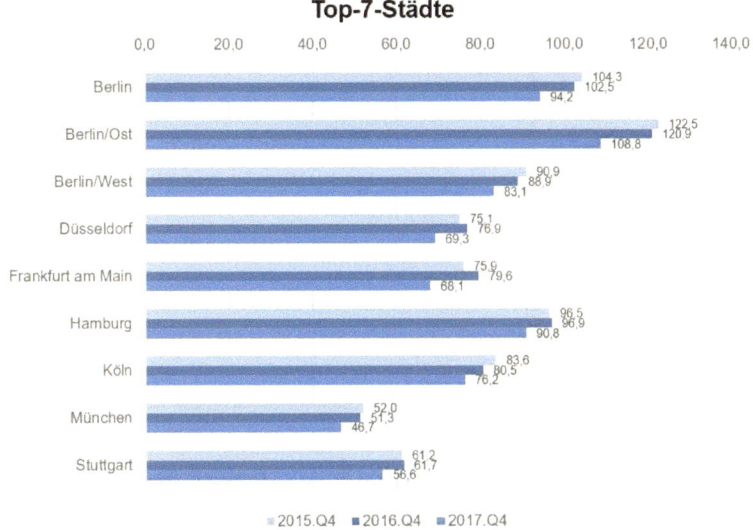

Abbildung 12: Erschwinglichkeitsindex in den A-Städten[178]

Keine der Städte, ausgenommen vom Ostteil der Hauptstadt, weist einen Wert oberhalb der 100-Marke auf. Demzufolge ist die finanzielle Belastung beim Kauf einer Immobilie für die Haushalte in diesen Städten enorm. In München fiel der Index auf einen Tiefstwert von unter 50, womit die Stadt den teuersten Markt Deutschlands repräsentiert.

Die Frage steht im Raum, wie die künftige Entwicklung der Zinsen aussehen wird. Experten prognostizieren einen weiteren, leichten Anstieg aufgrund der erhöhten Leitzinsen in den USA und dem konjunkturellen Aufschwung in Europa. Die Sorge um einen Handelskrieg und die laut EZB bis Sommer 2019 anhaltende Niedrigzinspolitik wird die Baufinanzierungszinsen dennoch weiterhin auf einem niedrigen Level halten.

5.3.2 Inflation

Inflation bezeichnet die Veränderung des Konsum-Preisniveaus und ist gleichbedeutend mit dem Kaufkraftverlust des Geldes eines Haushaltes. Gemessen wird diese Kenngröße in der Regel an einem Vier-Personen-Haushalt. Die Sicherstellung des Preisniveaus ist eines der wesentlichen Ziele der Wirtschaftspolitik. Um

---

[178] vgl. IVD (2018b): o. S

Benachteiligungen von Sachwertbesitzern durch Inflationsprozesse zu verhindern, hat der Rat der Europäischen Zentralbank einen Preisanstieg von knapp 2 % als nachhaltig vertretbar determiniert. Mithilfe des Systems des Harmonisierten Verbraucherpreisindexes misst das Eurosystem die Inflationsrate.[179] Während Deutschland in den vergangenen Jahren mit einer konjunkturzyklisch ungewöhnlich niedrigen Inflationsrate von unter einem Prozent kämpfte, stieg diese in 2017 auf ein höheres Niveau von knapp 1,8 %.[180]

Eine solide Inflationsrate ist gleichzeitig ein Indikator für eine florierende Wirtschaft, da die Preissteigerungen auf einen Anstieg im Konsum- bzw. Investitionsverhalten zurückzuführen sind. Dieser Prozess ist auch im Immobiliensektor allgegenwärtig. Oftmals wird unterstellt, dass Immobilien als inflationssichere Anlage gelten, da diese mit steigenden Preisen ebenfalls an Wert gewinnen, sowohl aus Sicht der Kauf-, als auch der Mietpreise.[181] So sieht das Mietrecht in speziell geregelten Konstruktionen, wie z. B. der Indexmiete, eine Anpassung der Miete bei Anstieg des Verbraucherpreises vor, sodass ein Kaufkraftverlust der Erlöse verhindert wird.[182]

Summa summarum erreichte die Inflationsrate in 2017, nach dem Tief zwischen 2014 und 2016, ein angemessenes Level. Als Spiegelbild von Konsum und Investition weist diese Kennziffer ein gesundes Wirtschaftsumfeld aus.

5.3.3 Kreditvergabe

Die Finanzkrise von 2008 hat bewiesen, dass die Bildung einer Blase unmittelbar mit einer gesteigerten Kreditvergabe einhergeht. Zwischen dem Kreditvolumen und dem Preisniveau kann schlussfolgernd ein Gleichlauf postuliert werden.[183] Durch die Ausweitung der Kreditvergabe erhöht sich die Nachfrage nach Wohnimmobilien, woraus wiederum ein Preisanstieg resultiert. Der Prozess kann auch in die entgegengesetzte Richtung wirken. Aufgrund des Kopplungsmechanismus' gilt das Hypothekenvolumen als vorlaufender Indikator für Marktungleichgewichte.[184]

---

[179] vgl. Siebert (2007): S. 27 - 28; vgl. Deutsche Bundesbank (o. J.b): o. S.
[180] vgl. Statistisches Bundesamt (2018g): o. S.
[181] vgl. Demary (2008): S. 1
[182] vgl. BGB (2018): § 557b
[183] vgl. Hunter (2005): S. 384 - 385
[184] vgl. Rombach (2011): S. 249 - 250

Betrachtet man den expansiven Kurs der EZB[185], so ist ceteris paribus anzunehmen, dass das allgemeine Kreditvolumen aufgrund der günstigen Finanzierungskosten einen starken Anstieg verzeichnet. Nachfolgende Statistik stellt jedoch die Wirksamkeit des monetären Transmissionsmechanismus' in Frage.

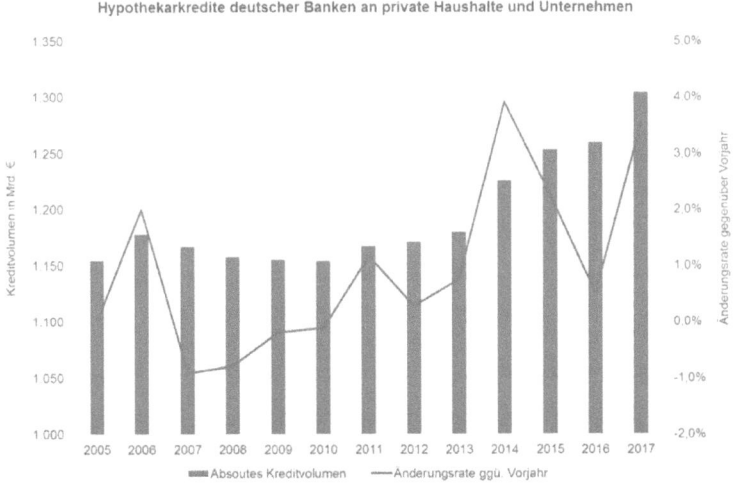

Abbildung 13: Kreditvolumen[186]

Das Schaubild zeigt einen nur moderaten Anstieg des Kreditvolumens in der Nachkrisenzeit auf zuletzt gut 1.300 Mrd. € auf. Die Änderungsrate gegenüber dem Vorjahr überschreitet in keinem Jahr die 4 % Hürde. Darüber hinaus hat eine Analyse des Instituts der deutschen Wirtschaft Köln ergeben, dass das Kreditvolumen gemessen an Zinsen und Preisen relativ zum BIP im Vergleich zu früheren Boomphasen weitaus geringer ist.[187]

Trotz der niedrigen Finanzierungskosten kommen die Anbieter und Nachfrager auf dem Kreditmarkt nicht in dem Umfang ins Geschäft, wie sich anhand der Leitzinsen vermuten ließe. Ein möglicher Grund sind die erhöhten rechtlichen Anforderungen an die Kreditvergabe durch die in 2016 geschaffene Wohnimmobilienkreditrichtlinie. Eine Untersuchung des Portals „immoverkauf24" hat ergeben, dass bei der

---

[185] siehe Kapitel 5.3.1
[186] Eigene Abbildung in Anlehnung an Statista (2018j): o. S.
[187] vgl. Bendel (2016): S. 44 - 46

Vergabe von Immobiliendarlehen, aufgrund der mit der Verordnung einhergehenden verschärften Anforderungen an u. a. die Bonitätsbewertung der Kunden und die Transparenz sowie die Aufklärungspflichten im Kreditvergabeprozess, ein Rückgang, je nach Bank, von bis zu 25 % zu verzeichnen ist.[188] Als ein weiteres Argument für die gedämpften Anstiegsraten können die Erwartungen in Hinblick auf steigende Zinsen identifiziert werden. Diese pessimistische Grundhaltung wird u. a. durch den Deutschen Immobilienfinanzierungsindex (DIFI)[189] widergespiegelt. Mithilfe einer Umfrage misst er die Lage- und Erwartungseinschätzung ausgewählter Marktakteure für die Immobilienmarktsegmente Büro, Handel, Logistik und Wohnen. Seit dem ersten Quartal 2017 befindet sich der Graph für den Wohnimmobilienmarkt überwiegend unterhalb der „0-Grenze". Folglich erwarten die Teilnehmer eine Verschlechterung der Finanzierungskonditionen.[190]

Insgesamt ergeben sich wenige Anhaltspunkte für eine höhere Risikoposition in Bezug auf Preisübertreibungen durch die Kreditvolumina.

5.3.4 Finanzierungsstruktur

Oftmals in der Boom- und Euphoriephase werden die Vermögensgegenstände über einen erhöhten Fremdkapitalhebel finanziert, um höhere Eigenkapitalrenditen zu erzielen. Zwangsläufig entsteht, vor allem bei einem rückläufigen Preisniveau, die Gefahr der Überschuldung.[191] Nachfolgend soll die Finanzierungsstruktur von den privaten Haushalten ermittelt werden, um so eine Aussage über den Verschuldungsgrad treffen zu können. Das Ergebnis erlaubt eine Deutung in Bezug auf das Spekulationsverhalten der Marktakteure.

Eine Einkommens- und Verbrauchsstichprobe des Statistischen Bundesamtes ermittelte, dass das Verhältnis von Hypothekenrestschulden zum Bruttogesamtvermögen der privaten Haushalte zwischen 2003 bis 2013 einen stabilen Wert von rund 17 % auswies. Auch der Krisenwert von 2008 weist einen Wert von ca. 17 % aus.[192] Eine übermäßige Verschuldung der Haushalte, um Immobilien zu

---

[188] vgl. Baum (2018): o. S.
[189] Der DIFI gilt als Indikator der Stimmung auf dem Immobilienfinanzierungsmarkt, der die Finanzierungslage der letzten sechs Monate mit der Finanzierungserwartung der kommenden sechs Monate verbindet. Er wird von JLL in Kooperation mit dem Zentrum für Europäische Wirtschaftsforschung erhoben und veröffentlicht.; vgl. JLL (2018): S. 2
[190] vgl. JLL (2018): S. 4
[191] siehe Kapital 3.1.2
[192] vgl. Statistisches Bundesamt (o. J.): o. S.

finanzieren ist demnach nicht erkennbar. Dies bekräftigt eine aktuelle Statistik der deutschen Bundesbank, die die Verschuldung der privaten Haushalte mit verschiedenen Kenngrößen in einen Zusammenhang stellt.

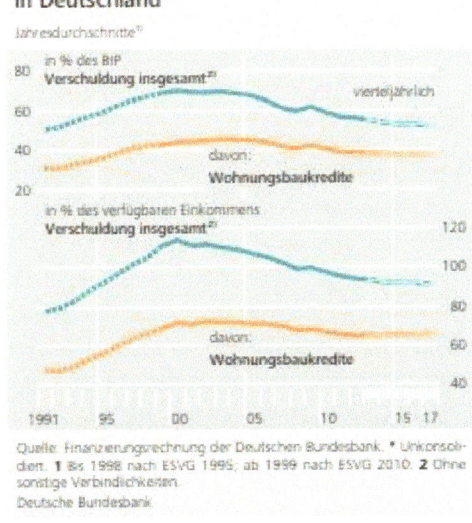

Abbildung 14: Verschuldung privater Haushalte[193]

Aus der Abbildung wird deutlich, dass die relative Verschuldung, gemessen am verfügbaren Einkommen, zu einer Abnahme tendiert. Gleiches ist für die Verschuldung im Verhältnis zum Bruttoinlandsprodukt festzustellen. Die Wohnungsbaukredite weisen seit ca. 2011 einen verhältnismäßig konstanten Level aus, nachdem die Jahrtausendwende eine Hochphase mit sich brachte.

Die Ursache für den insgesamt geringen Verschuldungsgrad, insbesondere in Bezug auf Wohnungsbaukredite, kann in der Einstellung der deutschen Bevölkerung gefunden werden. Im europäischen Vergleich ist der Haus- und Grundbesitz deutlich weniger verbreitet, als in anderen europäischen Ländern. Diese risikoaverse Grundhaltung wird durch sehr geringe aggregierte Aktienhaltung der privaten Haushalte unterstrichen. Doch auch die Banken pflegen eine tendenziell konservative Kreditvergabestrategie. Nicht zuletzt sieht die Wohnimmobilienkreditrichtlinie eine ausführliche Bonitätsprüfung vor, bei der der Kreditnehmer über die

---

[193] vgl. Deutsche Bundesbank (2018b): S. 3

gesamt Kreditlaufzeit in der Lage sein muss, das Darlehen aus dem aktuellen und künftigen Einkommen zu tilgen. Neben der persönlichen Prüfung wird eine detaillierte, objektbezogene Prüfung vorgenommen. Sofern das Bankurteil negativ im Sinne einer Kreditabsage ausfällt, so wird der Interessent nicht in der Lage sein, die Immobilie zu erwerben. Dieses Sicherheitsnetz schützt den Kunden vor potentiellen finanziellen Schäden.[194] Die untersuchten Kenngrößen geben resümierend kaum Anlass, von Preisübertreibungen bzw. –blasen ausgehen zu müssen.

5.4 Psychologische Faktoren

In einem letzten Schritt werden die psychologischen Muster der Marktakteure untersucht. Diese Ebene ist aufgrund der subjektiven Betrachtung des Einzelnen nur schwer in Zahlen zu fassen, weshalb die Datensituation stark begrenzt ist. Zur Evaluation der psychologischen Komponente ist eine strukturierte Vorgehensweise unerlässlich. Zunächst wird die Eigentümerstruktur deutscher Wohnimmobilien untersucht. Im weiteren Verlauf soll das Verhalten und die Zukunftserwartungen der Marktakteure analysiert und bewertet werden. Abschließend wird die Rationalität der Anleger in Bezug auf geographische Unterschiede geprüft.

5.4.1 Eigentümerstruktur deutscher Wohnimmobilien

Dieser Abschnitt dient zur Analyse deutschen Immobilienhalter, mit dem Ziel, Rückschlüsse aus der Motivlage der jeweiligen Gruppe schließen zu können. Die Intransparenz des deutschen Immobilienmarktes und speziell des Wohnsektors, erschwert die Recherche. Eine Erhebung des Immobiliendienstleister Savills aus dem Jahr 2010 weist nachfolgende Erkenntnisse aus.

---

[194] vgl. Lembke (2016): o. S.

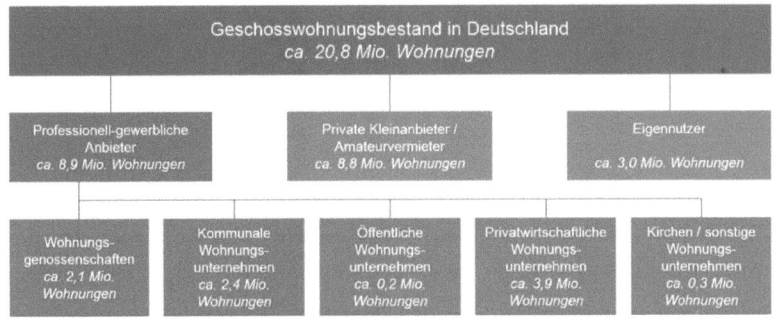

Abbildung 15: Eigentümerstruktur des deutschen Wohnungsbestands[195]

Der Wohnungsbestand i. H. v. 20,8 Mio. im Geschosswohnungsbau berechnet sich durch die Gesamtanzahl der Wohneinheiten (rund 40,1 Mio.) abzüglich der 18,5 Mio. Wohneinheiten in Ein- und Zweifamilienhäusern und der ca. 0,8 Mio. Wohnungen in Nicht-Wohngebäuden. Die Zahl von knapp 21 Mio. Wohnungen stellt somit den für Investoren relevanten Bestand dar.[196] Die professionell-gewerblichen Anbieter halten ebenso wie die privaten Kleinanbieter ca. jeweils 43 % des deutschen Wohnungsbestanden. Lediglich knapp 15 % entfallen auf die Selbstnutzer. Innerhalb der Gruppe der professionellen Anbieter besitzen die privatwirtschaftlichen Unternehmen knapp 44 % und haben damit einen größeren Anteil am Gesamtbestand als die Eigennutzer. Genossenschaften, Kirchen und kommunale Unternehmen vertreten in Summe weniger als 25 % der Geschosswohnungen. Die Statistik verdeutlicht, dass Marktakteure, die eine Gewinnmaximierung verfolgen den deutlich höheren Anteil am Immobilienvermögen in Deutschland besitzen. Die Zahl der Wohnungen, die den Marktteilnehmern mit Bedarfsdeckungsabsichten zur Verfügung steht, spielt eine eher untergeordnete Rolle. Die Eigentümerstruktur des deutschen Wohnungsmarktes eröffnet die Vermutung, dass die Marktakteure zu spekulativen Handlungen neigen, um den eigenen Profit zu maximieren. Eine tiefgreifende Aussage ist jedoch aufgrund der mangelnden Datenlage in Hinblick auf die u. a. speziellen Absichten oder Rechtsformen der Immobilienhalter nicht möglich. Dennoch sieht die Politik anlässlich dieser Situation und in Verbindung mit der Wohnungsknappheit in den Großstädten Handlungsbedarf. So fordert eine Kooperationsvereinbarung zwischen dem Land Berlin und seinen kommunalen Wohnungsgesellschaften den Neubau von 30.000 Wohnungen bis 2021 mit dem Ziel,

---

[195] Eigene Darstellung in Anlehnung an Savills (2011): S. 17
[196] Savills (2011): S. 16

mehr bezahlbaren Wohnraum zu schaffen. Damit soll der von den kommunalen Unternehmen gehaltene Wohnungsbestand auf insgesamt 360.000 Wohnungen steigen.[197] Dies entspricht einem prozentualen Anteil am gesamten Berliner Wohnungsbestand von immer noch unter 20 %.[198]

5.4.2 Verhalten der Marktakteure

Neben den unter 4.1 erläuterten Charakteristika neigen Investoren auf dem Wohnimmobiliensektor, im Gegensatz zu liquiden Märkten, zu irrationalen Handlungen. Die wirtschaftswissenschaftliche Literatur sieht die Ursache dieser kontroversen Merkmale in den speziellen Eigenschaften des Immobilienmarktes.[199] Begleitet wird dieses Phänomen von dem „Endowment-Effect" (zu Deutsch *Besitztumseffekt*). Er beschreibt die Beobachtung, dass Individuen für den Verkauf eines Gutes eine höhere Kompensation verlangen, als sie selbst bereit wären für gleiches Gut zu zahlen. Folglich überschätzen Investoren den Wert ihrer gehaltenen Immobilien.[200] Insbesondere unerfahrene Marktteilnehmer neigen zu Überwertungen ihrer Immobilie aufgrund der aktuellen Marktstimmung und lösen sich von der Bewertung anhand fundamentaler Faktoren. Der vorstehenden Situation lastend, wohnt dem Wohnimmobilienmarkt ein Mangel an aussagekräftigen Daten zu aktuellen Marktpreisen inne, der dazu führt, dass Investoren ihre Entscheidungen unter einer Vielzahl von Unsicherheiten treffen müssen. Märkte über Vermögensgüter wie Aktien weisen im Gegensatz dazu homogene Eigenschaften aus und werden täglich in einem großen Umfang gehandelt.[201] Eine weitere Ursache des geringen Grades an rationalem Anlegerverhalten stellt der „Anchoring-Effect" dar. Er besagt, dass sich Verkäufer mindestens an dem Preis orientieren, den sie selber für die Immobilie bezahlt haben. Ein Phänomen, welches bei rückläufigen Preisen dazu führt, dass Verkäufer, bis die allgemeine Marktstimmung wieder steigt, zu einer abwartenden Haltung tendieren.[202] Es stellt sich die Frage, inwiefern diese psychologischen Effekte den deutschen Wohnungsmarkt beeinflussen. Insbesondere in den Ballungsgebieten ist zu beobachten, dass die positive Stimmung in Verbindung mit

---

[197] vgl. Senatsverwaltung für Finanzen (2017): S. 5
[198] vgl. Amt für Statistik Berlin-Brandenburg (2018): S. 1
[199] vgl. Rombach (2011): S. 198
[200] vgl. Baker (2014): S. 52 - 53
[201] vgl. Rombach (2011): S. 200
[202] vgl. Rombach (2011): S. 200 - 201

einem Mangel an Angebot zu starken Preisanstiegen führt.[203] Die allgemein positive Stimmung in Verbindung mit dem Mangel an Angebot führt dazu, dass Käufer teilweise bereit sind einen Aufschlag zu zahlen, der rational nicht mehr zu gerechtfertigt ist.[204] Insbesondere die Stadt Frankfurt am Main gewinnt für Investoren zunehmend an Attraktivität. Der Brexit erweckt die Hoffnungen, dass Großbanken ihren Sitz in die Großstadt verlagern und eine zahlungsstarke Klientel auf den Wohnungsmarkt bringen. Das lässt die Preise für Wohnimmobilien ansteigen.[205] Die Attraktivität zieht zunehmend internationale Investoren an, die den deutschen Markt auf der Suche nach soliden Investments als sicheren Hafen einschätzen.[206] Insgesamt zeugt der Markt von einem positiven Stimmungsbild, das vor allem in Großstädten zu vereinzelten Spekulationen führen kann. Dennoch gibt es wenig Anzeichen für eine deutschlandweit flächendeckende Spekulation auf dem Wohnimmobilienmarkt.

5.4.3 Zukunftserwartung der Marktteilnehmer

Die aktuelle Marktstimmung determiniert sowohl die Anzahl der Nachfrager, als auch deren Verhalten. Die Erwartungshaltung der Anleger ist folglich ein wesentlicher Treiber des Preisniveaus. Eine aussichtsvolle Grundhaltung gegenüber der Zukunft wirkt sich positiv auf die Preise aus vice versa.[207] Eine Vielzahl an Institutionen und Indizes zielen darauf ab, die subjektiven Zukunftseinschätzungen der Marktteilnehmer zu erfassen.

Der IW-Immobilienscout24-Index ist einer der Indikatoren, der via Befragung die aktuelle Geschäftslage sowie die erwartete Entwicklung von Immobilienunternehmen erfasst. Die Erhebung spiegelt das Stimmungsbild der Geschäftsführer und leitender Angestellten von rund 600 Immobilienunternehmen wider. Der Indexwert ist das Ergebnis des gewichteten Saldos der Antworten, gegliedert in drei Kategorien: gut, neutral und schlecht.[208]

---

[203] siehe Kapitel 5.3.4
[204] vgl. Michelsen (2017): o. S.
[205] vgl. von Haacke (2018): o. S.
[206] vgl. von Haacke (2018): o. S.
[207] siehe Kapitel 3.1.2 und 3.1.3
[208] vgl. IWKöln (2018): o. s.

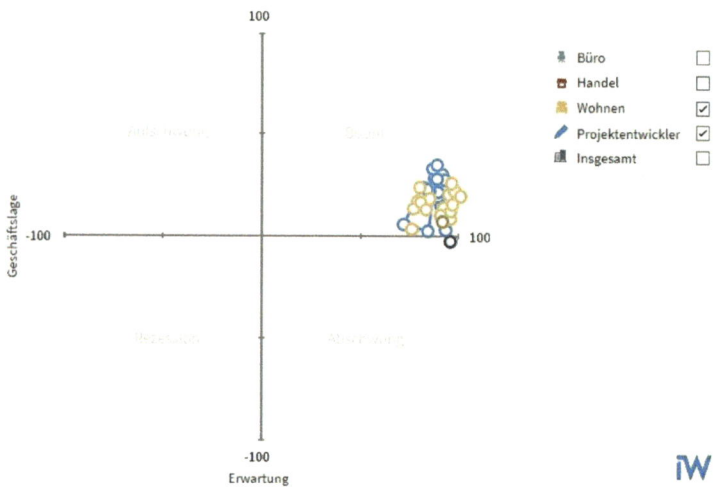

Abbildung 16: Immobilienindex 2018[209]

Die Vierfeldermatrix vermittelt ein positives Bild. Die Marktteilnehmer finden sich in Bezug auf die aktuelle Geschäftslage in der Boom-Phase wider. Auch die Erwartungshaltung kann als optimistisch eingestuft werden. Dennoch belegen die Ergebnisse, durch die zunehmende Annäherung der Werte an die x-Achse, dass ein gewisses Maß an Skepsis besteht. Eine übermäßige Euphorie kann demnach nicht geschlussfolgert werden. Vielmehr droht die Punktewolke in den Südost-Quadranten zu drängen, der den Abschwung widerspiegelt.

Die zurückhaltende Euphorie wird gleichermaßen durch den gdw-Geschäftsklimaindex ausgedrückt. Analog zum IW-Index setzt er sich zum einen aus den Werten zur aktuellen Geschäftslage und zum anderen aus den künftigen Geschäftserwartungen zusammen. Die befragten Unternehmen bewerten Ihre derzeitige Geschäftslage als überwiegend gut, während die Geschäftserwartungen als eher mittelmäßig eingeschätzt werden. Die Begründung liegt in zunehmenden politischen Druck, gesetzlichen Reglementierungen und höheren Kostenpositionen. Betrachtet man den Verlauf der Werte für die Geschäftserwartungen innerhalb der letzten Dekade, so wird ersichtlich, dass trotz der verhältnismäßig pessimistischen Grundhaltung in 2017, dieser einen positiven Höchstwert erreicht hat.[210] Daraus ergibt

---

[209] ebenda
[210] vgl. GDW (2018): o. S.

sich die Frage, ob die Führungsebene deutscher Immobilienunternehmen generell zu einer reservierten Zukunftshaltung aufgrund ihrer skeptischen Mentalität neigt. Eine These, die durch das Frühjahrsgutachten Immobilienwirtschaft 2018 bekräftigt wird. Der Rat der Immobilienweisen prognostiziert einen Rückgang des Preisanstieges und ein Ende des Mietpreiszyklus. Innerhalb der nächsten fünf Jahre erwartet das Expertengremium einen Preisrückgang in den Großstädten wie München und Berlin um bis zu einem Drittel.[211]

5.4.4 Regionale Differenzen

Immobilienkrisen in Irland und Griechenland zeigten, dass eine Blase mit einer stark erhöhten Bautätigkeit einhergeht, die beim Platzen dieser zu erheblichen Leerstandszahlen führt. Insbesondere Irland kämpfte nach dem Staatsbankrott mit regelrechten Geisterstädten.[212] Nachfolgend wird das Vorhandensein dieser Gefahren auf dem deutschen Wohnimmobilienmarkt überprüft und eine Einschätzung der damit einhergehenden rationalen Handlungsweise der Anleger vorgenommen.

Grundsätzlich ist festzustellen, dass das Preisniveau in Deutschland einem starken Stadt-Land-Gefälle unterliegt. Während die sieben Großstädte eine Vorreiterposition innehaben, liegt der Durchschnitt von Gesamtdeutschland signifikant unter dem Mittel der größten 127 beobachteten Städte. Aufgrund der Berechnungsmethode des arithmetischen Mittels kann geschlussfolgert werden, dass die übrigen erfassten Städte deutlich unter dem bundesweiten Durchschnitt liegen müssen. Andernfalls würde sich die Linie, die Deutschland gesamt repräsentiert, den oberen Werten annähern. Die nachstehende Abbildung visualisiert diese Situation.

---

[211] vgl. Rat der Immobilienweisen (2018): S. 12 - 13
[212] vgl. Welt (2012): o. S.

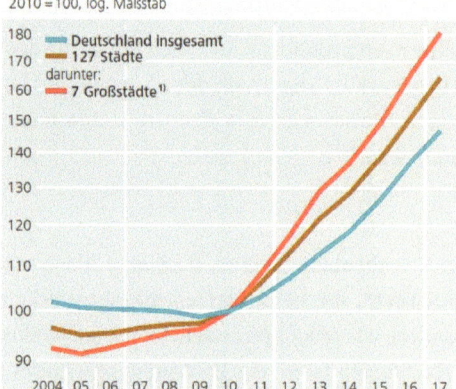

Abbildung 17: Preisunterschiede Deutschland[213]

Sämtliche Analysen der vorstehenden Kapitel haben gezeigt, dass das Kernproblem von Preisübertreibungen auf dem Wohnungsmarkt vordergründig die Ballungsgebiete betrifft. Das niedrige Preisniveau in ländlichen Regionen ist durch die Ausgangslage fundamental begründet und beweist, dass Investoren durchaus in der Lage sind, diese mangelhaften Rahmenbedingungen zu berücksichtigen und in ihr Risikoprofil einzuspeisen.[214] Folglich ist, bei der Diskussion um eine Preisblase, eine differenzierte Betrachtung der Situation der Großstädte von den ländlichen Regionen notwendig.

5.5 Gesamttendenz des deutschen Wohnimmobilienmarktes

Gekennzeichnet durch ein steigendes BIP, zunehmend stärkeren Beschäftigungszahlen und einem wachsenden Einkommen findet sich die deutsche Wirtschaft derzeit in einer Aufschwungphase wieder. Die Vergangenheit brachte ein kontinuierliches Bevölkerungswachstum mit sich, von dem insbesondere die Ballungsgebiete durch den Megatrend der Verstädterung profitierten. Moderate Bau-

---

[213] vgl. Deutsche Bundesbank (2018): S. 3
[214] Dazu zählen im Wesentlichen die Landflucht (siehe Kapitel 5.2.2), die auf die Nachfrage angepasste Bautätigkeit (siehe Kapitel 5.2.3), das moderate Mietniveau und die geringen Multiplikatoren in den Kleinstädten (siehe Kapitel 5.2.4).

fertigstellungsraten bei einem geringen Leerstand prägen das Bild der Großstädte, wenngleich der bundesweite Wohnraumbedarf in jüngster Vergangenheit durch die Zahl der Fertigstellungen gedeckt sein dürfte. Darüber hinaus fällt die Bevölkerungsprognose für Deutschland aufgrund des hohen negativen Saldos der Geburten- und Sterberate sowie den rückläufigen Einwanderungszahlen bescheiden aus. Der in den Medien thematisierte Nachfrageüberhang trifft überwiegend auf die Metropolen zu, während ländliche Gebiete mit demographischen Tiefpunkten kämpfen. Der lange und unflexible Prozess der Angebotserweiterung stimuliert die angespannte Lage in Städten wie München, Berlin und Frankfurt am Main. Ein sich weit über dem Bundesdurchschnitt befindlicher Multiplikator in den sieben A-Städten bringt die Knappheit zum Ausdruck.

Die bundesweit entstandene Diskrepanz zwischen schnell steigenden Kaufpreisen aber nur moderaten Mietsteigerungen findet ihren Ursprung im allgemein niedrigen Zinsniveau, das dazu führt, dass Marktrenditen aufgrund des hohen Anlagedruckes sinken. Niedrige Zinsen minimieren die Finanzierungskosten und begünstigen damit die Kreditaufnahme potentieller Investoren, wodurch wiederum die Nachfrage gesteigert wird. Dennoch ist eine exzessiv erhöhte Kreditvergabe der Bankinstitute kaum festzustellen. Ebenso gibt es wenig Anhaltspunkte für eine überproportional fremdkapitalbasierte Finanzierung der Immobilien.

Die Eigentümerstruktur weist zwar eine überwiegende Proportion an gewinnmaximierenden Marktakteuren aus, jedoch können das Verhalten und vor allem die Zukunftserwartungen als zurückhaltend bis bescheiden interpretiert werden. Vereinzelte Marktteilnehmer weisen spekulative Verhaltensmuster auf; dies kann jedoch nicht flächendeckend für Gesamtdeutschland festgestellt werden.

Insgesamt verlangt die Diskussion um eine Preisblasenbildung eine klare regionale Differenzierung. Die maßgebliche Debatte um Preisübertreibungen findet in erster Linie in den Metropolen Anwendung.

5.5.1 Einordnung in die Phasen des „Bubble-Modells"

Die derzeit boomende Wirtschaftslage sowie die Verfügbarkeit von billigem Geld setzen optimale Voraussetzungen für die Bildung einer Blase. Die Sorge um eine spekulationsgetriebene Immobilienpreisblase in Deutschland ist groß. Erfahrungen aus Ländern wie USA und Irland zeigen die erheblichen gesamtwirtschaftlichen Risiken, die mit Überhitzungen einhergehen. Betrachtet man die vorstehenden empirischen und theoretischen Untersuchungen, so wird deutlich, dass das bundesweite Preisniveau tendenziell keinen Überhitzungen unterliegt. Der Anstieg kann im Wesentlichen durch die zugrunde liegenden Fundamentalfaktoren, wie u. a. steigende Einkommen und Mieten sowie eine positive Demografie und ein solides Wirtschaftswachstum gerechtfertigt werden. Darüber hinaus kann der leicht überproportionale Anstieg des Preisniveaus im Vergleich zu den Mieten mit fehlenden Renditen sicherheitsgebundener Opportunitätsinvestments begründet werden. Weitere Indikatoren, wie eine mäßige Kreditvergabe trotz niedriger Finanzierungskosten und einer kritischen Zukunftsausrichtung der Marktteilnehmer sprechen gegen die Bildung einer Preisblase.

Dennoch wird aus den Analysen deutlich, dass eine Einordnung der marktwirtschaftlichen Situation in das Blasenmodell einer regional differenzierten Betrachtungsweise bedarf. Während insbesondere den ländlichen und peripheren Gebieten keine Preisübertreibungen zugesprochen werden kann, ist eine Fokussierung auf die Groß- und Mittelstädte vonnöten. Bestehende Nachfragekaskaden beinhalten eine Infektionsgefahr für weitere mittelgroße B- und C-Städte, wie Leipzig. Dominoeffekte auf den A-Städten umliegenden peripheren Bereichen können dementgegen weitestgehend ausgeschlossen werden.

Schlussfolgernd entsteht die Frage, welcher Phase des ‚Bubble'-Modells die Entwicklungen der Top-7-Standorte zuzuordnen ist.

Charakterisiert durch gewinnversprechende Zukunftsaussichten, wie u. a. dem Brexit in Frankfurt am Main, vereinzelte Spekulationen, insbesondere im Bereich des Baulandes und teilweise stark überzogene Vervielfältiger, finden sich die Großstädte in der Boom- bis Euphoriephase vor. Dennoch ist auch hier eine weitere Unterscheidung notwendig: So bezieht sich die Gefahr überwiegend auf das hochpreisige Segment, da hier eine absehbare Sättigung der Nachfrage aussteht. Sofern die Nachfrage bedient ist und weitere Wohnungen durch die langwierigen Fertigstellungsprozesse auf den Markt geschwemmt werden, so droht die Finanzielle Not, der als Wendepunkt des Zyklus' erwartungsgemäß Preiskorrekturen folgen wird. Das mittlere und untere Preissegment unterliegt demographie-bedingt einer akuten Knappheit, insbesondere auf dem Mietenmarkt. Diese Mangelsituation spiegelt sich in den geringen Leerstandsraten wider.

5.5.2 Vergleich mit der Sub-Prime Krise

Die Mehrzahl der Marktteilnehmer ist mit der frühzeitigen Erkennung von Spekulationsblasen überfordert. Als Ursachen können vor allem psychologische Faktoren, wie Herdentriebe, identifiziert werden. Auch professionelle Anleger und Wissenschaftler sehen sich trotz der vorhandenen Instrumente kaum in der Lage,

Krisen oder das Ende von Spekulationswellen ex ante zu prognostizieren. Der nachfolgende Abschnitt soll als Unterstützung der Ausführungen unter 5.1.1 einen Vergleich zwischen den Vorkrisenjahren bis 2006 der USA und der derzeitigen Situation auf dem deutschen Wohnimmobilienmarkt herausarbeiten, mit dem Ziel eine Argumentationsgrundlage für potentielle Preisübertreibungen zu bilden. Der Crash des US-amerikanischen Häusermarktes erwies sich als lehrbuchhafte Blase, die durch internationale Verflechtungen ein globales Ausmaß angenommen hat, weshalb sie sich gut als Vergleichsbasis eignet.

Folgende wesentliche Ähnlichkeiten können herausgestellt werden.

I. Senkung der Leitzinsen: In den Jahren 2000 bis 2003 senkte die US-amerikanische Notenbank den Leitzins als Antwort auf die ‚New-Economy Krise' von 6,2 % auf 1,1 %.[215] Auch die EZB begibt sich in geldpolitisches Neuland indem sie die Zinsen auf ein derzeitiges Level von 0 % festlegt. Im Jahr 2009 lag der Leitzins noch bei über 4 %. Diese Entwicklung ist wiederum Reaktion auf die Subprime-Krise. Die Senkung der Leitzinsen ist ein exogener Schock, der als wesentliche Ursache für die Blasenbildung auf dem US-amerikanischen Häusermarkt ausgemacht werden kann und bildete zudem den Nährboden für eine erhöhte Kreditvergabe.

II. Starkes bis überdurchschnittliches Wirtschaftswachstum: Sowohl Deutschland als auch die USA befinden sich während der jeweiligen Untersuchungszeiträume in einer wirtschaftlichen Expansionsphase. Die USA wies in dem Zeitraum von 2000 bis 2006 ein Wirtschaftswachstum, gemessen am BIP, in Höhe von über 16 % aus.[216] Gleichermaßen weist Deutschland eine kontinuierliche Steigerung des BIPs seit 2010 aus.[217] Ein aufstrebendes Wirtschaftswachstum bildet eines der wesentlichen Treiber für die Entstehung von Preisblasen.[218]

III. Hohes Preiswachstum: Die vergangenen Dekade bringt einen erheblich Anstieg der Preise für Wohnimmobilien auf dem deutschen Markt mit sich.[219] Der ‚Case-

---

[215] vgl. Irle / Pfnür (2010): S. 82
[216] vgl. William (o. J.): S. 207
[217] siehe Kapitel 5.2.1
[218] siehe Kapitel 4.4.1
[219] siehe Abbildung 7: Immobilienpreisentwicklung

Shiller U.S. National Home Price Index'[220] wies in den USA einen kumulierten Preiszuwachs von 1996 bis zum Höhepunkt im Jahr 2006 von 92 % aus.[221] Diese Parallelen können als Gefahr für Preisübertreibungen bestimmt werden.

Neben den Gemeinsamkeiten bieten die Untersuchungszeiträume der Länder ebenfalls eine Reihe von Unterschieden, die nachfolgend erläutert werden.

I. Kreditvergabe: Die Versorgung mit Liquidität bildet den Nährboden für die Entstehung einer Blase. Die Vorkrisenjahre in den USA zeichnen sich durch eine massive Ausweitung der Kredite aus. Zwischen 1996 und 2006 kam es zu einer 5-fachen Kreditneuvergabe, während analog die Summe des Kreditvolumens verdoppelt wurde. Gesetzliche Regelungen in den USA vereinfachen die Gewährung von Krediten an Kunden mit unterdurchschnittlicher Bonität.[222] Deutschland hingegen stellt mit u. a. der Wohnimmobilienkreditrichtlinie vergleichsweise hohe Anforderungen an seine Kreditnehmer. Eine erhöhte Kreditvergabe oder eine überwiegend durch Fremdkapital finanzierte Spekulation kann in Deutschland derzeit nicht beobachtet werden.[223]

II. Bankseitige Behandlung der Hypotheken: Der Umgang mit den Krediten ist ein wesentlicher Unterschied zwischen den beiden betrachteten Volkswirtschaften. Die Hypothekenbanken haben die Forderungen an Investmentbanken verkauft, wo sie zu neuen Anlageprodukten strukturiert wurden. Diese Banken haben die Kredite in verschiedenen Pools gebündelt und nach Risikostufen klassifiziert. Die verbrieften Produkte wurden wiederum an weitere Investoren, wie z. B. Investmentfonds und Versicherungen veräußert.[224] Durch den Handel wurden die Risiken international gestreut und verschwanden aus den Bilanzen der ursprünglichen Banken.[225] In Deutschland ist dieses höchst spekulative Verhalten nicht erkennbar.

---

[220] Der Index gilt als führendes Messinstrument zur Ermittlung der Wohnimmobilienpreise und berechnet sich aus den Veränderungen der Kaufpreise auf nationaler Ebene.; vgl. S&P Indices (o. J.): o. S.; vgl. Bloss / Ernst / Häcker / Eil (2009): S. 57 - 58

[221] vgl. Daxhammer / Facsar (2018): S. 148

[222] Dazu gehören die in den 1980'er Jahren verabschiedeten Gesetze des *Depository Institutions Deregulation and Monetary Control Act* sowie des *Alternative Mortgage Transaction Parity Act*.; vgl. Daxhammer / Facsar (2018): S. 148

[223] siehe Kapitel 5.3

[224] vgl. Bloss / Ernst / Häcker / Eil (2009): S. 17 - 18

[225] vgl. William (o. J.): S. 211

Kreditausfälle führen hierzulande zu Abschreibungen auf Forderungen in den Bilanzen, weshalb die Bank per se ein Interesse an der Zahlungsmoral des Kunden hat.

III. Mentalitätsunterschiede: Der amerikanische Traum verleiht der von Optimismus geprägten Kultur einen Stempel: „From rags to riches" bzw. vom Tellerwäscher zum Millionär. Die Einstellung mit möglichst wenig Aufwand einen maximalen Gewinn erzielen zu wollen, prägte auch den Grundstückshype in Florida als Vorläufer des Börsenkrachs von 1929.[226] Das deutsche Bild hingegen zeichnet sich durch eine reservierte Grundhaltung und pessimistische Zukunftserwartungen aus.[227] Diese Unterschiede werden auch im politischen Handeln deutlich. Die deutsche Regierung, die die Risiken von Preisübertreibungen auf dem Wohnungsmarkt fürchtet, sieht eine Reihe an Reglementierungen vor, um jenen Gefahren Paroli zu bieten.[228] Derartige Eingriffe der US-amerikanischen Politik sind kaum zu verzeichnen.

Die derzeitige Situation auf dem deutschen Wohnimmobilienmarkt weist sowohl Parallelen als auch einige Unterschiede zur amerikanischen Immobilienkrise von 2008 aus. Dennoch sind die Unterschiede als gravierender zu bewerten, da sie die wesentlicheren Voraussetzungen für eine Preisblasenbildung darstellen. Folglich ist nicht zu erwarten, dass die derzeitige Lage auf dem deutschen Markt ähnlichen Risiken wie die Finanzkrise von 2008 ausgesetzt ist. Ausgehend von dem derzeitigen Niveau sind Preisverwerfungen nach dem Ausmaß von 2008 und eine globale Verstrickung eher unwahrscheinlich.

5.6 Gesamtwirtschaftliche Perspektive

Die derzeit günstige immobilienwirtschaftliche Gesamtsituation basiert im Wesentlichen auf den unter Abschnitt 2 erläuterten und paradoxen Rahmenbedingungen. Jedoch ist die Dauer dieser optimalen Situation in Frage zu stellen. Die Theorie des ‚New Normals' und ein damit einhergehender Bruch der konventionellen Zyklen ist in der wirtschaftswissenschaftlichen Geschichte kein neues Phänomen. So

---

[226] siehe Kapitel 3.2.1
[227] siehe Kapitel 5.4.3
[228] Dazu gehören z. B. die Mietpreisbremse oder das Zweckentfremdungsverbot von Berlin. Die Maßnahmen betreffen zwar primär den Mietenmarkt, jedoch ist die Miete ein wesentlicher Fundamentalfaktor bei der Bildung von Kaufpreisen. Siehe auch dazu Kapitel 5.2.4

waren die 1960er Jahre von dem Glauben der ‚End of Ideology' oder die 1990er Jahre von der Idee der ‚End of History' geprägt. Die Überlegungen bezüglich eines Endes der empirisch beobachteten Zyklen scheinen vielmehr in regelmäßigen Abständen aufzutauchen.[229] Nachfolgend soll die gesamtwirtschaftliche Entwicklung in Bezug auf die künftigen Perspektiven untersucht werden, um zum einen eine Aussage über die Nachhaltigkeit der derzeitigen Situation zu treffen und zum anderen eine Prognose der Immobilienbranche vornehmen zu können.

Ein erstes Indiz, das für die Rückkehr zur Normalität spricht, sind die aktuellen Raten der Inflation. Das Kapitel 5.3.3 belegt, dass diese Größe nach dem Tief der vergangenen Jahre wieder zu einem adäquaten Maß von ca. 2 % heranwächst. Neben der Inflation stehen nach Expertenmeinungen auch Erhöhungen des Zinsniveaus aus. Die US-amerikanische Notenbank hat die Leitzinsen ihrerseits angehoben. Die Analysen unter 5.3 und 5.4 belegen, dass die Geschäftsbanken und Versicherungen in Erwartung steigender Zinsen diese bereits angezogen haben.

Ein solider Frühindikator für die wirtschaftliche Entwicklung stellt der ifo-Geschäftsklimaindex dar. Ähnlich dem IW-Immobilienscout24-Index werden eine Vielzahl an Unternehmen in puncto Geschäftslage und Zukunftserwartungen befragt und anschließend in einen Index umgerechnet.[230]

---

[229] vgl. Just (2017): o. S.
[230] vgl. ifo (2018): S. 1

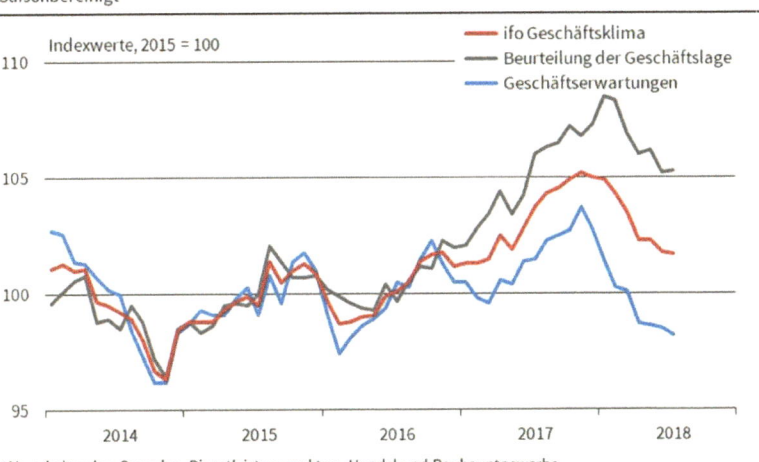

Abbildung 18: ifo-Geschäftsklimaindex[231]

Während die Geschäftserwartungen im Jahr 2017 noch deutlich über der Marke von 100 lagen, so sind diese 2018 deutlich darunter gefallen. In der derzeit starken Korrekturphase nähert sich der Gesamtindex der 100-Marke deutlich an. Die Expansion der deutschen Wirtschaft wird in verlangsamter Gangart fortgesetzt. Analog dazu rechnet auch der Rat der Immobilienweisen mit gedämpften Preisanstiegen in der Zukunft.[232]

Zusammenfassend ist festzuhalten, dass eine Rückkehr zu den empirisch erprobten Zyklen der Makroökonomie zu erwarten ist. Mit einkehrender Normalität löst sich der vorhandene Sweetspot der Immobilienwirtschaft auf und es werden mehr oder weniger starke Preiskorrekturen zu verzeichnen sein. In diesem Fall gilt es deutlich zu unterscheiden, ob es sich bei diesen Preisbewegungen um fundamental gerechtfertigte Korrekturen oder um das Platzen einer Blase handelt. Letzteres wird gemäß den Ausführungen dieser Arbeit zumindest bundesweit nicht der Fall sein. Davon ausgenommen sind die Gefahren für das Hochpreissegment in den Großstädten.[233]

---

[231] vgl. ifo (2018): S. 1
[232] vgl. Rat der Immobilienweisen (2018): S. 12
[233] siehe Kapitel 5.5.1

6 Fazit

Die vorliegende Arbeit analysiert das Phänomen der Preisblase durch umfangreiche Untersuchungen in einem wohnimmobilienwirtschaftlichen Kontext. Die Erkenntnisse können wie folgt zusammengefasst werden:

Die derzeitig wirtschaftliche Gesamtsituation bietet grundsätzliche Voraussetzung für Preisspekulationen.

Eine Preisblase kann als ein Abweichen des Marktpreises von seinen zugrunde liegenden Fundamentalfaktoren definiert werden. Die Vielzahl der Blasen verfolgt ein empirisch untersuchtes Muster. Preisliche Überhitzungen entstehen meist in Phasen der wirtschaftlichen Expansion und sind daher ex ante schwer zu prognostizieren. Die Wirtschaftsentwicklung der Nachkrisenzeit in Deutschland weist eine Entwicklung auf, die den konventionellen Konjunkturzyklen widerstrebt. Die paradox entgegenstehenden Kenngrößen bilden eine äußerst positive Grundlage für die Entwicklung des Preisniveaus auf dem Immobilienmarkt. Im Rahmen dieser Arbeit wurde dieser Zustand als ‚New Normal' definiert. Als Ursachen dieser Sondersituation kann sowohl die Bildung der Europäischen Union, als auch die Weltwirtschaftskrise von 2008 als exogener Faktor identifiziert werden.

Der Wohnimmobilienmarkt besitzt im Gegensatz zu liquiden Märkten eine Reihe von Besonderheiten.

Die Untersuchungen zu den Charakteristika von Wohnimmobilien belegen, dass sich der Markt durch eine Vielzahl von Eigenschaften von anderen Märkten unterscheidet. Der Preis auf dem stark unvollkommenen Wohnimmobilienmarkt wird im Wesentlichen durch die Einkommensentwicklung der Nachfrage, die regionale Bevölkerungsentwicklung sowie den Standortfaktoren bestimmt. Eine kurzfristig geringe Angebotselastizität in Zusammenhang mit langandauernden Fertigstellungszeiträumen erhöht die Gefahr von Preisüberhitzungen auf angespannten Märkten. Sofern eine Sättigung der Nachfrage eintritt, droht eine entstandene Blase nach dem Prinzip des Schweinezyklus' zu platzen.

Die Bewertung des Preisniveaus in Deutschland bedarf einer regionalen Einzelbetrachtung.

Die Betrachtung des Gesamtmarktes Deutschland vermittelt den Eindruck, dass sich derzeit keine Preisübertreibungen abzeichnen. Solide Fundamentalfaktoren und eine gesunde Entwicklung relevanter Kenngrößen untermauern diese These. Jedoch verdeutlichen die Analysen, dass statistische Glättungen über den Gesamtmarkt ein verfälschtes Bild aufwerfen. Die Heterogenität des Marktes drückt sich in geographischen Auswüchsen aus, die die Notwendigkeit von regionalen Einzelbetrachtungen mit sich bringen. Eine starke Binnenwanderung und der Trend der Urbanisierung führen zu einem bedeutenden Stadt-Land-Gefälle. Während periphere Gebiete keine Anzeichen von Preisüberhitzungen aufweisen, steigt die Anspannung in den Ballungsgebieten. Insbesondere in den Top-Standorten, wie München oder Frankfurt an Main, sind spekulationsgetriebene Verhaltensmuster erkennbar, die auf eine Blasengefahr hindeuten. Bei steigenden Überhitzungen ist aufgrund einer potentiellen Nachfragekaskade mit einer Infektionsgefahr auf mittelgroße Städte zu rechnen. Eine zusätzliche Nachfrage ausländischer Investoren nach Immobilien in deutschen Großstädten führt tendenziell zu einer Verschärfung dieser Situation.

Das Hochpreissegment in den Ballungsgebieten ist primär von den Gefährdungen einer Blase betroffen.

Steigende Bau- und Grundstückspreise charakterisieren das gegenwärtige Bild der Branche in den Ballungszentren. Zur Erzielung maximaler Renditen konzentrieren sich institutionelle Investoren zunehmend auf das hochpreisige Segment. In Folge dessen kommt es zu einem starken Anstieg der Preise, insbesondere in den Großstädten. Schon jetzt ist das Verhältnis zwischen Nachfrage und Angebot in der oberen Preiskategorie nahezu ausgeglichen. Mit weiteren Fertigstellungen droht ein Angebotsüberhang, der zwangsläufig zu starken Preiskorrekturen und Leerstand führen wird. Darüber hinaus stellt sich diese Sparte als besonders anfällig für Spekulationen dar. Übermäßig hohe Vervielfältiger und der Handel mit Bauland bringen dies zum Ausdruck. Demgegenüber steht ein Mangel an Wohnraum im unteren und mittleren Preissegment.

Die volkswirtschaftlichen Auswirkungen bei Preisrückgängen bleiben überschaubar.

Die derzeit abnormale Wirtschaftsstruktur wird erwartungsgemäß zur Normalität zurückkehren. Anwachsende Zinsen und eine steigende Inflation sind kurz- bis mittelfristig zu erwarten. Bei Veränderung der gesamtwirtschaftlichen Lage drohen Preiskorrekturen. Dieser immobilienwirtschaftliche ‚Abschwung' ist jedoch nicht gleichbedeutend mit dem Platzen einer Blase. Es gilt klar zu differenzieren, ob die Preise in einem fundamental gerechtfertigten Maß zurückgehen, oder ob es sich dabei um blasenartige Preisverfälle handelt. Eine Aussage über den Zeitpunkt der erwartungsgemäßen Rückkehr der Normalität zu treffen, gestaltet sich als schwierig. Ebenso ist eine Voraussage über die Höhe des Preisverfalls je nach Region kaum möglich. Dennoch zeigen die Ausführungen, dass volkswirtschaftliche Verwerfungen getreu der Wirtschaftskrise von 2008 im vorliegenden Fall ausgeschlossen werden können. Preisrückgänge und entstehende Verluste werden sich größtenteils auf die Immobilienwirtschaft beschränken und dabei starke regionale Differenzen aufweisen.

Im Rahmen der vorliegenden Arbeit werden weitere Fragestellungen aufgeworfen. Zusätzlicher Forschungsbedarf besteht insbesondere in Hinblick auf die Auswirkungen auf den Mietenmarkt. Es stellt sich die Frage, inwiefern das aktuelle Preisniveau in den Großstädten und der vermehrte Bau von hochpreisigem Wohnraum sicherstellen, dass Wohnen für die breite Schicht der Bevölkerung bezahlbar bleibt und welche sinnvollen Instrumentarien der Politik zur Verfügung stehen bzw. geschaffen werden sollten, um den damit einhergehenden Gefahren entgegen zu wirken.

Anhang

Anlage 1: empirica Preisdaten mit Indizierung[234]

Jahr	ETWs	ETW %-Delta	ETW Index	E-/ZFH	E-/ZFH %-Delta	E-/ZFH Index
2005	1.374	Basisjahr	100,0	1.790	Basisjahr	100,0
2006	1.353	-1,5%	98,5	1.758	-1,8%	98,2
2007	1.340	-1,0%	97,5	1.727	-1,8%	96,5
2008	1.311	-2,2%	95,4	1.694	-1,9%	94,6
2009	1.323	0,9%	96,3	1.678	-0,9%	93,7
2010	1.364	3,1%	99,3	1.726	2,9%	96,4
2011	1.410	3,4%	102,6	1.763	2,1%	98,5
2012	1.516	7,5%	110,3	1.825	3,5%	102,0
2013	1.605	5,9%	116,8	1.897	3,9%	106,0
2014	1.694	5,5%	123,3	1.940	2,3%	108,4
2015	1.870	10,4%	136,1	2.109	8,7%	117,8
2016	2.028	8,4%	147,6	2.264	7,3%	126,5
2017	2.196	8,3%	159,8	2.420	6,9%	135,2

Jahr	Miete	Miete %-Delta	Miete Index
2005	5,76	Basisjahr	100,0
2006	5,79	0,5%	100,5
2007	5,86	1,2%	101,7
2008	5,89	0,5%	102,3
2009	5,96	1,2%	103,5
2010	6,15	3,2%	106,8
2011	6,19	0,7%	107,5
2012	6,39	3,2%	110,9
2013	6,59	3,1%	114,4
2014	6,74	2,3%	117,0
2015	6,98	3,6%	121,2
2016	7,25	3,9%	125,9
2017	7,59	4,7%	131,8

---

[234] vgl. Empirica (2018a): o. S.

Anlage 2: Berechnungen zu Tobin's q[235]

Jahr	ETW Index	E-/ZFH Index	Baupreisindex	angepasster BPI	Tobins q ETW	Tobins q E-/ZFH
2005	100,0	100,0	87,9	100,0	1,00	1,00
2006	98,5	98,2	90,8	103,3	0,95	0,95
2007	97,5	96,5	96,1	109,3	0,89	0,88
2008	95,4	94,6	98,8	112,4	0,85	0,84
2009	96,3	93,7	99,2	112,9	0,85	0,83
2010	99,3	96,4	100,6	114,4	0,87	0,84
2011	102,6	98,5	103,5	117,7	0,87	0,84
2012	110,3	102,0	106,0	120,6	0,91	0,85
2013	116,8	106,0	108,1	123,0	0,95	0,86
2014	123,3	108,4	109,8	124,9	0,99	0,87
2015	136,1	117,8	111,6	127,0	1,07	0,93
2016	147,6	126,5	114,1	129,8	1,14	0,97
2017	159,8	135,2	118,0	134,2	1,19	1,01

Anlage 3: Berechnungen der Multiplikatoren und Renditen[236]

Jahr	ETWs	E-/ZFH	Miete	Price-Rent-Ratio	Anfangsrendite
2005	1.374	1.790	5,76	19,9	5,0%
2006	1.353	1.758	5,79	19,5	5,1%
2007	1.340	1.727	5,86	19,1	5,2%
2008	1.311	1.694	5,89	18,5	5,4%
2009	1.323	1.678	5,96	18,5	5,4%
2010	1.364	1.726	6,15	18,5	5,4%
2011	1.410	1.763	6,19	19,0	5,3%
2012	1.516	1.825	6,39	19,8	5,1%
2013	1.605	1.897	6,59	20,3	4,9%
2014	1.694	1.940	6,74	20,9	4,8%
2015	1.870	2.109	6,98	22,3	4,5%
2016	2.028	2.264	7,25	23,3	4,3%
2017	2.196	2.420	7,59	24,1	4,1%

---

[235] Berechnungen auf Basis der Anlage 1; vgl. Statistisches Bundesamt (2018h): o. S.
[236] Berechnungen auf Basis der Anlage 1

Anlage 4: Thesenpapier

I. Die derzeitig wirtschaftliche Gesamtsituation bietet grundsätzliche Voraussetzung für Preisspekulationen.

II. Der Wohnimmobilienmarkt besitzt im Gegensatz zu liquiden Märkten eine Reihe von Besonderheiten.

III. Die Bewertung des Preisniveaus in Deutschland bedarf einer regionalen Einzelbetrachtung.

IV. Das Hochpreissegment in den Ballungsgebieten ist primär von den Gefährdungen einer Blase betroffen.

V. Die volkswirtschaftlichen Auswirkungen bei Preisrückgängen bleiben überschaubar.

Quellen- und Literaturverzeichnis

A

Amt für Statistik Berlin-Brandenburg (2018): Mehr Wohnungen in Berlin, Pressemitteilung Nr. 153 vom 19. Juni 2018, Berlin

B

Baker, H. Kent (2014): Private Real Estate Markets and Investments, Oxford

Baum, Stefanie (2018): Wohnimmobilienkreditrichtlinie (WoKri bzw. WIKR) 2018, online unter: https://www.immoverkauf24.de/baufinanzierung/baufinanzierung-a-z/wohnimmobilienkreditrichtlinie/ [abgerufen am 30. Juli 2018]

Bendel, Daniel (2016): Eine Risikoprüfung für die deutsche Wohnimmobilienfinanzierung, IW-Trend 4. 2016, Jahrgang 43, Köln

Bertelsmann Stiftung (2015): Analysen und Konzepte aus dem Programm „LebensWerte Kommune", Ausgabe 1, Gütersloh

Bloss, Michael / Ernst, Dietman / Häcker, Joachim / Eil, Nadine (2009): Von der Subprime-Krise zur Finanzkrise, München

Brauer, Kerry-U. (2013): Einführung in die Immobilienwirtschaft, in: Brauer, Kerry-U. (2013): Grundlagen der Immobilienwirtschaft, 8. Auflage, Leipzig, S. 1 - 58

Brauer, Kerry-U. (2013): Renditeberechnungen bei Immobilieninvestitionen, in: Brauer, Kerry-U. (2013): Grundlagen der Immobilienwirtschaft, 8. Auflage, Leipzig, S. 435 - 462

Brunnermeier, Markus / James, Harold / Landau, Jean-Pierre (2018): EURO – Der Kampf der Wirtschaftskulturen, 1. Auflage, München

Bundesinstitut für Bau-, Stadt- und Raumforschung (2015): Wohnmarktprognose 2030, Bonn

Bulwiengesa (o. J.): Klassifikation der Standorte, online unter: https://www.riwis.de/online_test/info.php3?cityid=&info_topic=allg [abgerufen am 27. Juli 2018]

Bundeszentrale für politische Bildung (2013): Eurokrise, online unter: http://www.bpb.de/nachschlagen/lexika/das-europalexikon/176846/eurokrise [abgerufen am 19. August 2018]

Bundeszentrale für politische Bildung (o. J.a): o. S., Kondratieff-Zyklen, online unter: http://www.bpb.de/nachschlagen/lexika/lexikon-der-wirtschaft/19806/kondratieff-zyklen [abgerufen am 19. August 2018]

Bundeszentrale für politische Bildung (o. J.b): Konjunkturzyklus, online unter: http://www.bpb.de/nachschlagen/lexika/lexikon-der-wirtschaft/19819/konjunkturzyklus [abgerufen am 25. Juni 2018]

Burmann, Christoph (2002): Strategische Flexibilität und Strategiewechsel als Determinanten des Unternehmenswertes, Wiesbaden

C

CBRE / Berlin Hyp AG (2018): Wohnmarktreport 2018, Berlin

CBRE / Berlin Hyp AG (2017): Wohnmarktreport 2017, Berlin

Cezanne, Dr. Wolfgang (2005): Allgemeine Volkswirtschaftslehre, 6. Auflage, München

Craemer, Robert (2009): How Globalization Set the Stage for the 2008 Economic Collapse, in: Huffingtonpost, online unter: https://www.huffingtonpost.com/robert-creamer/how-globalization-set-the_b_156172.html?guccounter=1 [abgerufen am 20. Juni 2018]

CRES (o. J.): Preisblasen in Immobilienmärkten, CRES Discussion Paper – No. 12, Berlin

D

Das Investment (2016): Immobilienpreise koppeln sich vom Einkommen ab, online unter: http://www.dasinvestment.com/deutsche-metropolen-immobilienpreise-koppeln-sich-vom-einkommen-ab/ [abgerufen am 28. Juli 2018]

Daxhammer Rolf / Facsar, Máté (2018): Behavioral Finance, 2. Auflage, München

Deloitte (o.J.): Startseite der Homepage, online unter: https://www2.deloitte.com/de/de/pages/financial-services/topics/real-estate.html# [abgerufen am 25. Juni 2018]

Demary, Markus (2008): Die ökonomische Relevant von Immobilienpreisschwankungen, IW-Trends, 35. Jahrgang, Heft 4/2008, Köln

Deutsche Bank (2018): Deutscher Häuser- und Wohnungsmarkt 2018, Frankfurt am Main

Deutsche Bundesbank (2018a): Kurzberichte, im Monatsbericht Januar 2018, 70. Jahrgang, Nr. 1, Frankfurt am Main, S. 5 - 12

Deutsche Bundesbank (2018b): Indikatorensystem zum deutschen Wohnimmobilienmarkt, Frankfurt am Main

Deutsche Bundesbank (2011): Renditedifferenzen von Staatsanleihen im Euro-Raum, im Monatsbericht Juni 2011, 63. Jahrgang, Nr. 6, Frankfurt am Main, S. 29 - 48

Deutsche Bundesbank (2008): Die Subprimekrise - Ursache und Folgen, Bericht vom 25. April 2008 – 60. Jahrgang, Nr. 4, Frankfurt am Main

Deutsche Bundesbank (o. J.a): Glossar – Lender of Last Resort (LoLR), online unter: https://www.bundesbank.de/Navigation/DE/Service/Glossar/_functions/glossar.html?lv2=32040&lv3=62084 [abgerufen am 07. Juli 2018]

Deutsche Bundesbank (o. J.b): Glossar – Inflation, online unter: https://www.bundesbank.de/Redaktion/DE/Glossareintraege/I/inflation.html [abgerufen am 29. Juli 2018]

Deutsches Institut für Wirtschaftsforschung e. V. (o. J.): Immobilienpreisblase, online unter: https://www.diw.de/de/diw_01.c.422718.de/presse/diw_glossar/immobilienpreisblasen.html [abgerufen am 12. Juli 2018],

DGHyp (2017): Immobilienmarkt Deutschland 2017 | 2018, Fachthemenreihe, Hamburg

Draghi, Mario (2018): Pressekonferenz der EZB vom 26. Juli 2018, online unter: https://www.youtube.com/watch?v=Cp2UII7gQHY [abgerufen am 29. Juli 2018]

E

Ecker, Daniel / Zschäpitz, Holger (2013): Als Aktienkurse um 2800 Prozent nach oben sprangen, online unter: https://www.welt.de/finanzen/geldanlage/article116826994/Als-Aktienkurse-um-2800-Prozent-nach-oben-sprangen.html [abgerufen am 10. Juli 2018]

Edelhoff, Johannes / Salewski, Christian (2018): Grundstücks-Spekulanten verschärfen Wohnungsnot, online unter: https://daserste.ndr.de/panorama/archiv/2017/Brachliegende-Grundstuecke-Spekulanten-verschaerfen-Wohnungsnot,grundstuecksspekulation100.html [abgerufen am 28. Juli 2018]

Empirica (2018a): Preisdatenbank, online unter: https://www.empirica-institut.de/thema/regionaldatenbank/index-immobilien-preise/ [abgerufen am 28. Juli 2018]

Empirica / CBRE (2018b): CBRE-empirica-Leerstandsindex zum 31.12.2016, online unter: https://www.empirica-institut.de/nc/nachrichten/details/nachricht/cbre-empirica-leerstandsindex-zum-31122016/ [abgerufen am 26. Juli 2018]

Engel & Völkers (2017): Wohnimmobilien – Marktbericht Deutschland 2017 / 2018, Hamburg

Europäische Union (o. J.a): ECU und Europäisches Währungssystem, online unter: http://www.eu-info.de/euro-waehrungsunion/5009/5280/ [abgerufen am 26. Juni 2018]

Europäische Union (o. J.b): Länder, online unter: https://europa.eu/european-union/about-eu/countries_de#tab-0-1 [abgerufen am 03. Juli 2018]

F

Fabricius, Michael (2018): Wohnungssuchenden droht eine gefährliche Preisspirale, online unter: https://www.welt.de/wirtschaft/article175349066/Die-Spekulation-um-Grundstuecke-bremst-den-Wohnungsbau.html [abgerufen am 28. Juli 2018]

Finicelli, Andrea (2007): House price developments and fundamentals in the United States, Italien

Frankfurter Allgemeine Zeitung (2018), Ausgabe von Samstag, den 30. Juni 2018, Nr. 149

Fuest, Clemens (2017): Einwanderung in Sozialsysteme beschränken, Interview mit dem Chef des Ifo-Instituts, online unter: https://www.cesifo-group.de/de/ifoHome/policy/Staff-Comments-in-the-Media/Interviews-in-print-media/Archive/Interviews_2017/medienecho_ifointerview-augsburger-allgemeine-17-10-2017.html [abgerufen am 25. Juli 2018]

G

Galbraith, James (2014): The End of Normal, London

Galbraith, James (2012): Der große Crash 1929 – Ursachen, Verlauf, Folgen, München

GdW (2015): Schwarmstädte in Deutschland – Ursachen und Nachhaltigkeit der neuen Wanderungsmuster, Berlin

Gutachterausschuss der Bundesrepublik Deutschland (2017): Immobilienmarktbericht Deutschland 2017, Oldenburg

H

Handelsblatt (2018): EZB reduziert Anleihekäufe zum Jahresende hin, online unter: https://www.handelsblatt.com/finanzen/geldpolitik/geldpolitik-ezb-reduziert-anleihekaeufe-zum-jahresende-hin/20809686.html?ticket=ST-2472156-MYSR0gK1m7cOwppKYuos-ap2 [abgerufen am 29. Juli 2018]

Hasler, Peter Thilos (2011): Aktien richtig bewerten, München

Hellerforth, Michaela (2008): Immobilieninvestition und –finanzierung kompakt, München

Horn, Gustav (o. J.): Konjunktur, online unter: https://wirtschaftslexikon.gabler.de/definition/konjunktur-37751 [abgerufen am 25. Juni 2018]

Hunter, William (2005): Asset Price Bubbles, Massachusetts

I

ifo Institut (2018): ifo Geschäftsklimaindex sinkt leicht, Pressemitteilung vom Juli 2018, München

ifo Institut (2016): Arbeitsmarktchancen von Flüchtlingen, ifo Schnelldienst, 69, Nr. 04, S. 83-85, München

Interhyp (2018): Zins-Charts – Die Zinsentwicklung in der Baufinanzierung, online unter: https://www.interhyp.de/zins-charts/ [abgerufen am 29. Juli 2018]

International Valuation Standards Council (2017): International Valuation Standards, London, 2017

Irle, Martin / Pfnür, Andreas (2010): Preisblasen in Wohnimmobilienmärkten: eine Betrachtung aus Sicht der Behavioural Finance, Köln

IVD (2018a): IVD-Wohn-Preisspiegel, Deutschland

IVD (2018b): IVD-Erschwinglichkeitsindex: Wohneigentum in Deutschland bleibt trotz steigender Preise erschwinglich, online unter: https://ivd.net/2018/01/ivd-erschwinglichkeitsindex-wohneigentum-in-deutschland-bleibt-trotz-steigender-preise-erschwinglich/?cn-reloaded=1 [abgerufen am 29. Juli 2018]

IWKöln (2018): Der Immobilien-Index im 2. Quartal 2018, online unter: https://www.iwkoeln.de/presse/interaktive-grafiken/beitrag/michael-voigtlaender-ralph-henger-eine-branche-im-dauerhoch.html [abgerufen am 01. August 2018]

J

JLL (2018): DIFI-Report 2. Quartal 2018, Deutschland

Just, Tobias (2017): Droht Deutschland eine Immobilienblase?, Vortrag veröffentlicht am 13. September 2017, online unter: https://www.youtube.com/watch?v=cQ9hALV6nfI [abgerufen am 03. Juli 2018]

K

Kaiser, Tobias (2017): IWF warnt vor einer Immobilienblase in Deutschland, online unter: https://www.welt.de/wirtschaft/article164603530/IWF-warnt-vor-einer-Immobilienblase-in-Deutschland.html [abgerufen am 20. Juni 2018]

Kindleberger, Charles P. (1978): Manias, Panics and Crashes, 6. Auflage, Great Britain

L

Leitzinsen (2018): Leitzinsen, online unter: http://www.leitzinsen.info/eurozone.htm [abgerufen am 20. Juni 2018]

Lembke, Judith (2016): Enttäuschte Träume vom Eigenheim, Artikel vom 07. Juni 2016 in der FAZ, online unter: http://www.faz.net/aktuell/finanzen/meine-finanzen/mieten-und-wohnen/neues-gesetz-fuer-immobilienkredit-erschwert-hauskauf-14272622.html [abgerufen am 31. Juli 2018]

M

Manager Magazin (2012): Josef Ackermann – Seine besten Zitate aus zehn Jahren, online unter: http://www.manager-magazin.de/fotostrecke/josef-ackermann-seine-besten-zitate-aus-zehn-jahren-fotostrecke-82821-10.html [abgerufen am 19. August 2018]

McKinsey (2009): The new normal, online unter: https://www.mckinsey.com/business-functions/strategy-and-corporate-finance/our-insights/the-new-normal [abgerufen am 03. Juli 2018]

Michelsen, Claus (2017): Droht eine Immobilienblase?, Zitat aus einem Artikel der Morgenpost, online unter: https://www.morgenpost.de/wirtschaft/article209260277/Droht-eine-Immobilienblase.html [abgerufen am 31. Juli 2018]

Murfeld, Egon (2010): Spezielle Betriebswirtschaftslehre der Immobilienwirtschaft, 6. Auflage, Hamburg

Murphy, Antoin / Cantillon, Richard (1986): Entrepreneur and Economist, Oxford

P

Pate, Ron (2004): Leverage – a key to success and wealth, USA

Plickert, Philip / Frühauf, Markus (2012): Steht Spanien wie Irland vor dem Offenbarungseid?, online unter: http://www.faz.net/aktuell/wirtschaft/geplatzte-immobilienblase-steht-spanien-wie-irland-vor-dem-offenbarungseid-11775314.html [abgerufen am 07. Juli 2018]

Plöger, Jessica (2014): Neoklassische Kapitalmarkttheorie und Behavioral Finance, Hamburg

Prognos (2017): Wohnraumbedarf in Deutschland und den regionalen Wohnungsmärkten, Berlin

R

Rat der Immobilienweisen (2018): Frühjahrsgutachten Immobilienwirtschaft 2018, Berlin

Rolle, Robert (2005): Homo oeconomicus – Wirtschaftsanthropologie in philosophischer Perspektive, Würzburg

Rombach, Tobias (2011): Preisblasen auf Wohnimmobilienmärkten – eine theoretische und empirische Analyse der internationalen Märkte, Lohmar

Rosa, Sandro (2015): Die Anatomie der Spekulationsblase, online unter: https://www.fuw.ch/article/die-anatomie-der-spekulationsblase/ [abgerufen am 05. Juli 2018]

S

Savills (2018): Wohninvestmentmarkt Deutschland Q2 2018, Frankfurt am Main

Savills (2011): Wohnungsmärkte in Deutschland, Frankfurt am Main

Schick, Sebastian (2017): Interview mit Prof. Hansmann, online unter: https://www.biallo.de/baufinanzierung/news/prof-hansmann-wir-muessen-die-immobilienblase-entlueften/ [abgerufen am 20. Juni 2018]

Scholz, Romy (2015): Analyse historischer Spekulationsblasen im Aktien- und Rohstoffbereich, Hamburg

Schumpeter, Joseph A. (1939): Konjunkturzyklen: Eine theoretische, historische und statistische Analyse des kapitalistischen Prozesses, Neuauflage, Göttingen

Schütte, Martin (2017): Scheitert Europa am Euro?, München

Schwochow, Rainer (2018): Spekulation mit Bauland, online unter: https://www.br.de/radio/bayern2/spekulation-mit-bauland-feature-ueber-ein-lukratives-geschaeft-100.html [abgerufen am 28. Juli 2018]

Senatsverwaltung für Finanzen (2017): Kooperationsvereinbarung mit den städtischen Wohnungsbaugesellschaften, Berlin

Shiller, Robert (2010): Irrational Exuberance, United Kingdom – Princeton

Siebert, Horst / Lorz, Oliver (2007): Einführung in die Volkswirtschaftslehre, 15. Auflage, Stuttgart

Sinn, Hans-Werner (2012): Die Target Falle, München

Statistisches Bundesamt (2018a): Deutsche Wirtschaft wächst auch im Jahr 2017 kräftig, Pressemitteilung Nr. 011 vom 11.01.2018, online unter: https://www.destatis.de/DE/PresseService/Presse/Pressemitteilungen/2018/01/PD18_011_811.html [abgerufen am 24. Juli 2018]

Statistisches Bundesamt (2018b): Verfügbares Einkommen, online unter: https://de.statista.com/statistik/daten/studie/258880/umfrage/verfuegbares-einkommen-privater-haushalte-je-einwohner-in-deutschland/ [abgerufen am 28. Juli 2018]

Statistisches Bundesamt (2018c): Volkswirtschaftliche Gesamtrechnung, Fachserie 18 Reihe 1.5

Statistisches Bundesamt (2018d): Verfügbares Einkommen je Einwohner in Deutschland nach Bundesländern, online unter: https://www.statistik-bw.de/VGRdL/tbls/tab.jsp?rev=RV2014&tbl=tab14&lang=de-DE#tab05 [abgerufen am 25. Juli 2018]

Statistisches Bundesamt (2018e): Genehmigte Wohnungen im Jahr 2017: – 7,3 % gegenüber Vorjahr, online unter: https://www.destatis.de/DE/Presse-Service/Presse/Pressemitteilungen/2018/03/PD18_095_31111.html [abgerufen am 26. Juli 2018]

Statistisches Bundesamt (2018f): Bauen und Wohnen – Baugenehmigungen / Baufertigstellungen, Lange Reihen z. T. ab 1949

Statistisches Bundesamt (2018g): Verbraucherpreisindex für Deutschland, online unter: https://www.destatis.de/DE/ZahlenFakten/Gesamtwirtschaft-Umwelt/Preise/_Grafik/VPI_Deutschland_Jahr.png;jsessionid=FC35EDB8AD6A541335911C197B2ED296.InternetLive1?_blob=poster [abgerufen am 29. Juli 2018]

Statistisches Bundesamt (2018h): Baupreisindizes für Wohngebäude, online unter: https://www.destatis.de/DE/ZahlenFakten/Indikatoren/Konjunkturindikatoren/Preise/bpr110.html [abgerufen am 29. Juli 2018]

Statistisches Bundesamt (o. J.): Geld- und Immobilienvermögen sowie Schulden privater Haushalte am 1.1. in den Gebietsständen, online unter: https://www.destatis.de/DE/ZahlenFakten/GesellschaftStaat/EinkommenKonsumLebensbedingungen/VermoegenSchulden/Tabellen/GeldImmobVermSchulden_EVS.html [abgerufen am 31. Juli 2018]

Statista (2018a): Bruttoinlandsprodukt (BIP) in Deutschland von 1991 bis 2017 (in Milliarden Euro), online unter: https://de.statista.com/statistik/daten/studie/1251/umfrage/entwicklung-des-bruttoinlandsprodukts-seit-dem-jahr-1991/ [abgerufen am 03. Juli 2018]

Statista (2018b): Arbeitslosenquote in Deutschland im Jahresdurchschnitt von 1996 bis 2018, online unter: https://de.statista.com/statistik/daten/studie/1224/umfrage/arbeitslosenquote-in-deutschland-seit-1995/#0 [abgerufen am 03. Juli 2018]

Statista (2018c): Inflationsrate in Deutschland von 1992 bis 2017 (Veränderung des Verbraucherpreisindex gegenüber Vorjahr), online unter: https://de.statista.com/statistik/daten/studie/1046/umfrage/inflationsrate-veraenderung-des-verbraucherpreisindexes-zum-vorjahr/ [abgerufen am 03. Juli 2018]

Statista (2018d): Anzahl der Zuwanderer nach Deutschland von 1991 bis 2016, online unter: https://de.statista.com/statistik/daten/studie/28347/umfrage/zuwanderung-nach-deutschland/ [abgerufen am 03. Juli 2018]

Statista (2018e): Bruttoinlandsprodukt und Wirtschaftswachstum, Dossier

Statista (2018f): Bevölkerung - Entwicklung der Einwohnerzahl von Deutschland von 1990 bis 2016 (in Millionen), online unter: https://de.statista.com/statistik/daten/studie/2861/umfrage/entwicklung-der-gesamtbevoelkerung-deutschlands/ [abgerufen am 25. Juli 2018]

Statista (2018g): Anzahl der Geburten und der Sterbefälle in Deutschland in den Jahren von 1950 bis 2017, online unter: https://de.statista.com/statistik/daten/studie/161831/umfrage/gegenueberstellung-von-geburten-und-todesfaellen-in-deutschland/#0 [abgerufen am 25. Juli 2018]

Statista (2018h): Auswanderung und Zuwanderung, Dossier

Statista (2018i): Entwicklung der Rendite zehnjähriger Staatsanleihen Deutschlands in den Jahren von 1995 bis 2017, online unter: https://de.statista.com/statistik/daten/studie/200193/umfrage/entwicklung-der-rendite-zehnjaehriger-staatsanleihen-in-deutschland/ [abgerufen am 28. Juli 2018]

Statista (2018j): Hypothekarkredite der Banken in Deutschland an inländische Unternehmen und Privatpersonen von 1999 bis zum 1. Quartal 2018 (in Milliarden Euro), online unter: https://de.statista.com/statistik/daten/studie/435444/umfrage/hypothekarkredite-an-unternehmen-und-privatpersonen-in-deutschland/ [abgerufen am 30. Juli 2018]

Statista (2016): Wohneigentumsquoten in ausgewählten europäischen Ländern im Jahr 2016, online unter: https://de.statista.com/statistik/daten/studie/155734/umfrage/wohneigentumsquoten-in-europa/ [abgerufen am 20. Juni 2018]

Stiglitz (1990): Symposium on bubbles, in: The Journal of Economic Perspectives, Volume 4, Nummer 2, Seite 13-18

Streit, Matthias (2018): Heiß auf deutsche Immobilien, online unter: https://www.handelsblatt.com/finanzen/immobilien/investmentmarkt-heiss-auf-deutsche-immobilien/20852712.html?ticket=ST-707361-eaSHMSqTDnCc57Qk7Wqr-ap2 [abgerufen am 03. Juli 2018]

S&P Indices (o. J.): S&P CoreLogic Case-Shiller Home Price Indices, online unter: https://us.spindices.com/index-family/real-estate/sp-corelogic-case-shiller [abgerufen am 06. August 2018]

T

Tichy, Gunther (2013): Die Staatsschuldenkrise als Krise des europäischen Finanzsystems, im Monatsbericht von 6/2013 des österreichischen Instituts für Wirtschaftsforschung, Wien, Seite 473 – 492

Tichy, Gunther (1999): Konjunkturpolitik – Quantitative Stabilisierungspolitik bei Unsicherheiten, 4. Auflagen

V

van Suntum, Ulrich (2005): Die unsichtbare Hand – Ökonomisches Denken gestern und heute, 3. Auflage, Münster

VdP (2018): Preisentwicklung von Eigenheimen in Deutschland in den Jahren von 2003 bis 2017, online unter: https://de.statista.com/statistik/daten/studie/244262/umfrage/immobilienpreisindex-fuer-eigenheime-in-deutschland/ [abgerufen am 24. Juli 2018]

VdP (2018): Preisentwicklung von Eigentumswohnungen in Deutschland von 2003 bis 2017, online unter: https://de.statista.com/statistik/daten/studie/156215/umfrage/immobilienpreisindex-fuer-eigentumswohnungen/ [abgerufen am 24. Juli 2018]

Vera, Antonio (2015): Spekulationsblasen in der führen Neuzeit, Köln von Haacke, Brigitte (2018): Reiz für ausländische Investoren, online unter: https://www.handelsblatt.com/finanzen/immobilien/deutscher-immobilienmarkt-reiz-fuer-auslaendische-investoren-seite-3/2719300-3.html [abgerufen am 31. Juli 2018]

von Frentz, Clemens (2003): Die Chronik einer Kapitalvernichtung, online unter: http://www.manager-magazin.de/finanzen/artikel/a-186368.html [abgerufen am 10. Juli 2018]

Vornholz, Günter (2016): Preisblasen auf Immobilienmärkten, Zeitschrift für immobilienwirtschaftliche Forschung und Praxis (ZfiFP), Nr. 30, Baden-Württemberg

Vornholz, Günter (2013): VWL für die Immobilienwirtschaft, 1. Auflage, München

W

Wagener, Hans-Jürgen (2012): Wirtschaftliche Ungleichgewichte in der EU, online unter: https://www.bpb.de/politik/wirtschaft/finanzmaerkte/135516/wirtschaftliche-ungleichgewichte?p=all [abgerufen am 19. August 2018]

Weerth, Carsten (o. J.): Definition Spekulations-blase, online unter: http://wirtschaftslexikon.gabler.de/Definition/spekulative-blase.html [abgerufen am 20. Juni 2018]

Welt (2012): Hässliche Geisterstädte prägen das Bild von Irland, online unter: https://www.welt.de/finanzen/immobilien/article108378821/Haessliche-Geisterstaedte-praegen-das-Bild-von-Irland.html [abgerufen am 01. August 2018]

Wienert, Helmut (2008): Grundzüge der Volkswirtschaftslehre, 2. Auflage, Stuttgart

William, Daniel (o. J.): Ein Vergleich der 2007/2008 US Subprime-Finanzkrise mit der Finanzkrise durch die Vermögens- und Immobilienblase Japans 1987–90, online unter: https://www.jdzb.de/fileadmin/Redaktion/PDF/veroeffentlichungen/tagungsbaende/D58/28-pdf-p1227%20willam.pdf [abgerufen am 23. August 2018]

Z

ZDF Info (2009): 1929 – Der große Börsencrash, Dokumentation, online unter: https://www.youtube.com/watch?v=ph_Iu6Pgx5Q [abgerufen am 10. Juli 2018]

Zeit Online (1993): Wellen des Fortschritts, online unter: https://www.zeit.de/1993/12/wellen-des-fortschritts [abgerufen am 25. Juni 2018]